A ESTRATÉGIA
DE BARACK OBAMA

Barry Libert
Rick Faulk

A ESTRATÉGIA
DE BARACK OBAMA

Tradução
Ana Gibson

ALTA BOOKS
EDITORA
Rio de Janeiro, 2017

A Estratégia de Barack Obama — As lições em um projeto vencedor que podem ser aplicadas aos negócios
Copyright © 2017 da Starlin Alta Editora e Consultoria Eireli. ISBN: 978-85-508-0200-8

Translated from original Barack, Inc. — Winning Business Lessons of the Obama Campaign. Copyright © 2009, by Person Education, Inc. ISBN 978-01-370-2207-6. This translation is published and sold by permission of FT Press – Pearson Education, Inc., the owner of all rights to publish and sell the same. PORTUGUESE language edition published by Starlin Alta Editora e Consultoria Eireli, Copyright © 2017 by Starlin Alta Editora e Consultoria Eireli.

A editora não se responsabiliza pelo conteúdo da obra, formulada exclusivamente pelo(s) autor(es).

Marcas Registradas: Todos os termos mencionados e reconhecidos como Marca Registrada e/ou Comercial são de responsabilidade de seus proprietários. A editora informa não estar associada a nenhum produto e/ou fornecedor apresentado no livro.

Impresso no Brasil.

Obra disponível para venda corporativa e/ou personalizada. Para mais informações, fale com projetos@altabooks.com.br

Tradução
Ana Gibson

Copidesque
Shirley Lima da Silva Braz

Editoração Eletrônica
Estúdio Castellani

Revisão
Jaime Teotônio Borges Luiz | Roberta Borges

Produção Editorial
Elsevier Editora - CNPJ: 42.546.531./0001-24

Erratas e arquivos de apoio: No site da editora relatamos, com a devida correção, qualquer erro encontrado em nossos livros, bem como disponibilizamos arquivos de apoio se aplicáveis à obra em questão.

Acesse o site www.altabooks.com.br e procure pelo título do livro desejado para ter acesso às erratas, aos arquivos de apoio e/ou a outros conteúdos aplicáveis à obra.

Suporte Técnico: A obra é comercializada na forma em que está, sem direito a suporte técnico ou orientação pessoal/exclusiva ao leitor.

A editora não se responsabiliza pela manutenção, atualização e idioma dos sites referidos pelos autores nesta obra.

CIP-Brasil. Catalogação na fonte
Sindicato Nacional dos Editores de Livros, RJ

F267e

Faulk, Rick
A estratégia de Barack Obama : as lições em um projeto vencedor que podem ser aplicadas aos negócios / Rick Faulk, Barry Libert ; tradução de Ana Maria de Castro Gibson. – Rio de Janeiro : Alta Books, 2017.

Tradução de: Barack, Inc.
Inclui bibliografia
ISBN: 978-85-508-0200-8

1. Planejamento. 2. Liderança. 3. Campanha eleitoral – Estados Unidos – História – Século XX. 4. Presidentes – Estados Unidos – Eleição – 2008. 5. Estados Unidos – Política e governo – 200a-. I. Libert, Barry. II. Título.

09-1097.

CDD: 658.4
CDU: 658.012.2

Rua Viúva Cláudio, 291 — Bairro Industrial do Jacaré
CEP: 20970-031 — Rio de Janeiro - RJ
Tels.: (21) 3278-8069 / 3278-8419
www.altabooks.com.br — altabooks@altabooks.com.br
www.facebook.com/altabooks

*Para as três pessoas que realmente são importantes
em minha vida: minha esposa, Ellen,
e meus filhos Adam e Michael.*

Barry Libert

*Para minha esposa, Kathy, e meus dois filhos,
Brian e Ashley, que fazem tudo valer a pena.*

Rick Faulk

AGRADECIMENTOS

Como a maioria dos autores, temos muitos a agradecer. Nosso apreço aos 225 funcionários da Mzinga, dentre eles Dan Bruns, Drew Darnborough, Susan Koutalakis, Josh Melvin, Mike Migliorinio, Patrick Moran, Gina Odryna, Eve Sangenito, Alexa Scordato, Nancy Sheen, Jim Storer, Joe Tremonte e Sabrina Walker, que estão ajudando a criar a melhor empresa de software social do mundo. Nosso agradecimento também à equipe de primeira linha da Pearson: Tim Moore, Amy Neidlinger, Gina Kanouse, Megan Colvin, Sandra Schroeder, Lori Lyons, Erika Millen, Nonie Ratcliff e San Dee Phillips.

Nosso sincero apreço também a Donna Sammons Carpenter, Maurice Coyle e aos outros autores, pesquisadores e editores talentosos da Wordworks, Inc.: Ruth Hlavacek, Larry Martz, Molly Sammons Morris, Cindy Butler Sammons, Robert Shnayerson e Robert W. Stock. Por fim, muito devemos à nossa agente literária, Helen Rees, que nunca fraquejou no apoio a Barack Obama e a seu projeto.

OS AUTORES

Barry Libert é presidente e **Rick Faulk** é diretor-executivo da Mzinga, um importante provedor de soluções de software social que ajuda grandes empresas no mundo a criar comunidades on-line voltadas para marketing, apoio ao cliente e aprendizagem. Administra mais de 14 mil comunidades e tem mais de 60 milhões de visitantes individuais todos os meses.

Libert é pioneiro no uso de comunidades e tecnologias da Web 2.0 para ajudar as empresas a prosperar e acelerar o crescimento empresarial. É coautor de *We Are Smarter than Me*, livro recém-publicado e aclamado pela crítica, em colaboração com a Wharton School Publishing, que usou contribuições baseadas em wikis de mais de quatro mil pessoas a fim de ilustrar como as empresas podem se beneficiar da sabedoria das multidões. Antigo consultor da McKinsey and Company, Libert também é coautor de dois outros livros altamente elogiados sobre o valor empresarial das informações e dos relacionamentos.

Faulk fez carreira na área de marketing, colaboração *on-demand* e tecnologias *software-as-a-service*. Tem 21 anos de experiência executiva em empresas de alta tecnologia, dentre elas a WebEx, Intranets.com, PictureTel, Shiva Corporation e Lotus. No início da carreira, também fundou a First Software, que cresceu a ponto de atingir vendas de mais de US$175 milhões em menos de quatro anos e foi classificada em uma das listas da revista *Inc.* como uma das empresas que mais crescem nos Estados Unidos.

SUMÁRIO

Introdução   2

CAPÍTULO 1
Sucesso no qual você pode acreditar – e imitar   6
Arregaçar as mangas talvez seja ultrapassado.
Engajar-se na política pode ser a onda do futuro.

CAPÍTULO 2
Seja calmo   14
A qualidade indispensável de um líder cujas decisões e ações
podem transformar a vida das pessoas é sua fleuma – a
racionalidade serena, o equilíbrio sob pressão e a capacidade
de ser coerente e controlado sob fortes emoções.

CAPÍTULO 3
Seja social   52
Os negócios – assim como a política –
são extremamente pessoais.

CAPÍTULO 4
Seja a mudança   96
A impermanência rege o universo.
Os que resistem à mudança resistem à realidade e à vida em si.

Epílogo   134
Referências   138
Índice   146

A ESTRATÉGIA
DE BARACK OBAMA

QUEM ACREDITOU REALMENTE QUE UM CANDIDATO PUDESSE SAIR DA OBSCURIDADE DE ILLINOIS E TORNAR-SE O QUADRAGÉSIMO QUARTO PRESIDENTE DOS ESTADOS UNIDOS, DERROTANDO DEZENAS DE POLÍTICOS MUNDIALMENTE FAMOSOS? POIS BEM, BARACK OBAMA CONSEGUIU VENCER O PARTIDO REPUBLICANO EM SEU PRÓPRIO JOGO, COM DISCIPLINA, ORGANIZAÇÃO E VOLUMOSA CAPTAÇÃO DE RECURSOS.

Introdução

Do estilo de liderança ultrafleumático à mensagem básica de transformação, passando pelo uso de tecnologias sociais baseadas na Internet, Barack Obama mostrou aos empresários que têm muito a aprender com um político com jogo de cintura.

No alvo do triunfo de Obama, temos de relembrar seus obstáculos iniciais, todos aparentemente insuperáveis. Eis um presidenciável verdadeiramente exótico – um estranho com um nome meio islâmico, pai africano, mãe americana e branca, uma infância no Havaí, um diploma de Direito de Harvard e um currículo político de umas 25 palavras ou menos. Como ele mesmo disse em seu discurso de vitória: "Nunca fui o candidato mais provável."

Todos os tipos de estratagemas, de táticas comprovadas a estratégias de vanguarda, transformaram a candidatura de Obama de improvável em inevitável. Ele reuniu uma equipe de primeira linha de funcionários que administraram uma campanha praticamente sem falhas; atraiu dezenas de milhares de voluntários, dos quais muitos eram tão dedicados que largaram seus empregos ou saíram da escola a fim de trabalhar para sua eleição; e angariou uma quantia sem precedentes, tanto de pequenos contribuidores quanto de grandes doadores tradicionais. Mas ficamos particularmente fascinados pelo extraordinário uso na campanha das redes sociais. É um assunto que estudamos detalhadamente e Barack Obama fala a mesma língua. Ele transformou uma campanha presidencial de 50 estados em uma enorme comunidade on-line. Sua rede inspirou milhões de pessoas em todos os Estados Unidos a ingressar em uma cruzada nacional, reunindo habilidades, tempo e dinheiro para alcançar uma vitória decisiva. Como resultado, a política americana (e quiçá mundial) nunca será a mesma.

Acreditamos que o vanguardismo político de Obama definiu um padrão brilhante para qualquer empresa que deseje prosperar no mundo da Web 2.0 do século XXI. Daí este livro: a saga da campanha de Obama comentada para uso empresarial.

Combinamos nossas próprias observações com as de diversos grupos midiáticos cuja *expertise* foi apresentada nessa longa e dramática campanha. Entrevistamos simpatizantes de Obama, coletamos uma série de relatórios excelentes de uma variedade de fontes e prestamos muita atenção à cobertura inédita da eleição na blogosfera – essa última, uma concatenação de diversas visões e vozes, do Político ao Twitter, que muito fizeram para transformar 2008 em um divisor de águas da política. Nosso objetivo foi trazer à tona a relevância dessa campanha histórica aos líderes empresariais de todas as partes.

Comecemos.

ARREGAÇAR AS MANGAS
TALVEZ SEJA ULTRAPASSADO.

ENGAJAR-SE NA POLÍTICA
PODE SER A ONDA DO
FUTURO.

CAPÍTULO 1
SUCESSO NO QUAL VOCÊ PODE
ACREDITAR – E IMITAR

Você se lembra dos "homens de US$1 por ano"? Eram os melhores e mais inteligentes diretores-executivos proativos que se voluntariaram para salvar o governo americano de si mesmo em crises graves, inclusive as duas guerras mundiais. Naquela época, todos partiam do princípio de que os políticos de Washington careciam do cérebro e da iniciativa para resolver as emergências nacionais. Para socorrê-los, foram acionados gênios do mundo empresarial como Robert McNamara, o "garoto prodígio" da Ford Motor Company, que chefiou o Pentágono durante a Guerra do Vietnã. Como o governo não pode aceitar serviços de graça, esses homens cobravam US$1 simbólico por ano, o que os tornava ainda mais dedicados e supostamente competentes.

Logo se tornou crença popular que o banco empresarial está coalhado de jogadores de primeira, aptos e ansiosos a limpar a bagunça de Washington. Como resultado, os políticos começaram a usar máscaras empresariais. Ouviam-se vivas quando os políticos alegavam ter experiência administrativa e juravam, sérios, administrar o governo americano "como uma empresa". Na verdade, vários líderes empresariais (Ross Perot, os dois Romney, Mitt e seu pai, George) levaram a ideia adiante e chegaram a concorrer ao cargo de presidente.

Portanto, como está atualmente a noção de superpolítica empresarial? E se as empresas têm mais a aprender com a política do que vice-versa? E se a extraordinária campanha de Barack Obama tiver sido um feito de administração de ideias, pessoas e tecnologia em uma escala tão maciça e exigente que os historiadores a classificam como uma espécie de Projeto Manhattan de política presidencial?

Nosso livro oferece razões valiosas para que os líderes empresariais não esperem pelos historiadores. Convidamos – insistentemente – o leitor a examinar o desempenho da campanha de Obama já e agora. Reflita sobre seus momentos climáticos. Descubra todos os tipos de caminhos possíveis às reviravoltas empresariais – nós fizemos isso. Se você também descobrir, envie um e-mail para o reitor de sua faculdade de Administração preferida, recomendando um curso intensivo sobre a campanha e a liderança de Obama, com comentários para os futuros diretores-executivos. Como sugere o início deste capítulo, arregaçar as mangas talvez seja ultrapassado. Engajar-se na política pode ser a onda do futuro.

EMPRESAS PELO POVO E PARA O POVO.

Muitas das lições a seguir são ideias novas em folha e nunca antes experimentadas, tão inovadoras que as almas cautelosas podem hesitar antes de usá-las. Outras são táticas conhecidas e testadas, tão corriqueiras que os políticos e empresários podem sentir-se tentados a ignorá-las. Em conjunto, criaram a campanha de Obama – um conjunto único de estratagemas que todos podem aprender a adaptar. Enumeremos as formas.

1. *Ele ficou calmo*. Barack Obama permaneceu imperturbável nos debates e não demonstrou raiva durante os ataques dissimulados. E mais improvável ainda: foi capaz de ignorar todas as distrações e manteve a coerência durante a maratona de quase dois anos. Com sua relativa inexperiência, Obama ressaltou, sem esmorecer, a necessidade de transformação do país.

Como é que um líder empresarial pode cultivar a calma de Obama? Dentre as lições específicas compartilhadas no Capítulo 2, ele aprendeu a manter o foco no objetivo principal, ignorando todas as distrações. Ele sabia como corrigir os problemas sem responsabilizar as pessoas por eles. Foi capaz de jogar pesado quando necessário e dar vazão às emoções sem afetar a campanha. Soube como adaptar-se às necessidades do momento. Talvez o melhor de tudo seja o que ele aprendeu com o exemplo de Abraham Lincoln: liderar sem perder a humildade.

Portanto, os líderes empresariais também precisam reagir com serenidade às épocas difíceis e às emergências imprevistas. Ou seja, precisam criar organizações saudáveis, planejar para eventualidades e estar preparados para implementar seus planos, tudo isso mantendo-se o mais próximo possível dos traços de caráter de Obama. Assim como Obama conquistou eleitores ao mostrar-se presidencial, os líderes empresariais podem conquistar seus funcionários, fornecedores e clientes ao permanecerem calmos, mostrarem-se racionais e diplomáticos –enquanto atuam com perspicácia para vencer a concorrência.

2. *Ele colocou em prática tecnologias sociais.* Obama venceu a eleição de 2008 por sete pontos percentuais, em grande parte por ter usado todas as tecnologias sociais de nossa época: blogs, fóruns de discussão, vídeos virais, mensagens de texto e redes de celulares – para conectar-se com seu eleitorado. Criou uma comunidade de base (My.BarackObama.com) para vender sua campanha e arrecadar uma quantidade de fundos sem precedentes.

Dentre os pontos a serem abordados no Capítulo 3, Obama aprendeu a cultivar novos eleitorados comunitários, acessíveis graças à Internet. Com copiosas listas de títulos de eleitores, alguns indecisos e possíveis doadores, criou uma comunidade ilimitada de apoiadores, voluntários e adeptos à sua causa. Tornou-se à prova dos ataques políticos baratos que ele próprio se recusou a usar contra os oponentes. Usou software para gestão de relacionamento com o cliente para criar um verdadeiro relacionamento de cliente dentro de sua comunidade. E usou mensagens de texto e redes de celulares para expandir e reforçar sua comunidade. As empresas prestam um imenso desserviço a si caso negligenciem os benefícios dessas tecnologias sociais – por exemplo, mais clientes, custos inferiores, avanços adicionais, maior eficiência e maiores lucros.

3. *Ele abraçou e incorporou a transformação.* Os líderes empresariais precisam possibilitar a transformação e não defender o *status quo*. Não por coincidência, a apropriação por Obama da "transformação" minou primorosamente seus dois principais adversários, Hillary Clinton e John McCain, ambos marujos velhos de guerra de Washington. Sem perceber que estavam trabalhando contra si mesmos, discorriam principalmente sobre sua "experiência" passada e prontidão para governar – uma mensagem extremamente desintonizada com o cansaço dos Estados Unidos no que tange a Washington e sua sede de novos rostos e ideias.

Contudo, para Obama, "transformação" significava mais do que um slogan político. Para vencer, ele sabia que precisava desenvolver uma visão clara do futuro e compartilhá-la com os eleitores. Dentre os insights para o mundo empresarial, essa visão teria de confrontar a realidade com a qual o país se defrontava e contextualizá-la. Ele sabia que, quando detivesse a superioridade, seria insensato recuar e que precisava de uma equipe forte com o mínimo de bate-boca e brigas internas. Ele conhecia a força do toque pessoal e a necessidade de obter informações confiáveis e não filtradas. E, sobretudo, tinha a capacidade de avaliar-se de forma clara e objetiva – talento crucial a qualquer líder, empresarial ou político.

Se os líderes americanos não estiverem dispostos a abraçar a mudança e novas ideias, a economia do país nunca se recuperará do atual desastre nos mercados financeiros. Temos de reconhecer que os sistemas e os mercados financeiros são imperfeitos e precisam ser retificados. O mesmo vale para as empresas e seus líderes. Se ainda não atenderam nem mesmo reconheceram a necessidade de ações drásticas, precisam abrir espaço a outros. Mas, para que a transformação funcione para o bem, precisam aprender as lições que a campanha de Obama pode ensinar.

Talvez a lição mais importante de Barack Obama seja sua premissa básica implícita, um princípio que remonta a seu antigo ídolo, Abraham Lincoln: o governo deve ser pelo povo e para o povo. Trata-se de um princípio que se traduz em um lema vencedor para nós: empresas pelo povo e para o povo.

Atualmente, os Estados Unidos estão enredados em uma grande recessão. Mas, na história americana, os percalços invariavelmente geram renascimento. É mais provável que as dificuldades futuras desencadeiem aquilo que o país precisa: uma mudança de mentalidade potencialmente maciça. As pessoas comuns e as autoridades governamentais aprenderão os méritos do *Poor Richard's Almanac* (Almanaque do Pobre Ricardo) e os riscos do endividamento excessivo. E as empresas finalmente se concentrarão no que mais lhes importa: lucros, produtos e serviços, pessoas e as comunidades que formam.

Como sempre dizia Barack Obama durante a campanha primária, a hora da mudança é já: "Nós somos quem estávamos procurando. Somos a mudança que todos aguardam." Foi uma declaração notável para qualquer político americano. De acordo com os padrões convencionais, era demasiadamente mística para atrair os eleitores indecisos, pragmáticos e práticos, que decidem as eleições. No entanto, de alguma maneira, houve ressonância.

É claro que o "nós" de Obama pode ser resumido em transformação e responsabilidade individual. No final das contas, cabe a nós – chefes de nossas empresas, líderes de nossas comunidades. Nós é que temos de manter a calma, investir em tecnologias sociais e aceitar a realidade da mudança.

NÓS É QUE TEMOS DE MANTER A CALMA, INVESTIR EM TECNOLOGIAS SOCIAIS E ACEITAR A REALIDADE DA MUDANÇA.

O objetivo deste livro é ajudar a iluminar o caminho com lições práticas aprendidas na surpreendente campanha de Obama. Segundo Mohandas Gandhi: "Seja a mudança que deseja ver no mundo." Como defende este livro, acredite na mudança, aja motivado por ela e então teremos realmente empresas pelo povo e para o povo.

Sim, nós podemos!

A QUALIDADE INDISPENSÁVEL DE UM LÍDER CUJAS DECISÕES E AÇÕES PODEM TRANSFORMAR A VIDA DAS PESSOAS É SUA FLEUMA – A RACIONALIDADE SERENA, O EQUILÍBRIO SOB PRESSÃO E A CAPACIDADE DE SER COERENTE E CONTROLADO SOB FORTES EMOÇÕES.

CAPÍTULO 2
SEJA CALMO

Barack Obama, conforme retratado por um memorável vídeo no YouTube, é o Dr. Spock dos políticos – imperturbável, frio, sereno a ponto de parecer um vulcaniano. Jon Favreau, o redator dos discursos de Obama, disse que sua reação à vitória nas convenções de Iowa não foi muito diferente de sua reação à derrota na primária de New Hampshire, quando se virou para um assessor e comentou calmamente: "No final, terá sido bom."

Essa indiferença talvez tenda a afastar os eleitores que anseiam por figuras públicas mais acessíveis. Mas durante a longa campanha, a força imperturbável e confiante sob o fogo cruzado pode ter sido sua principal vantagem. Deixando de lado as várias distrações e ataques pessoais, conseguiu mostrar-se coerente durante meses a fio. Ele assumiu ares, resumidamente, presidenciais e, no final, os eleitores deram mais valor a isso do que à afabilidade e à simpatia.

Trata-se de uma lição para os líderes empresariais de todas as partes. Quando se está no comando de uma grande operação, nunca é demais ser simpático, informal e acessível; um toque de calor humano conquista os corações e a confiança. Mas, como observamos na abertura deste capítulo, a qualidade indispensável de um líder cujas decisões e ações são capazes de transformar a vida das pessoas é sua fleuma – a racionalidade serena, o equilíbrio sob pressão e a capacidade de ser coerente e controlado sob fortes emoções.

Um líder que demonstra raiva geralmente parece trivial e um tanto ridículo. Apesar de toda a sagacidade empresarial e talento de liderança, o impulsivo Ted Turner mostrou-se vulnerável à manipulação emocional e viu-se superado estrategicamente e posto em escanteio na fusão com a Time Warner. E, para sua equipe, quando qualquer líder entra em pânico, é sinal de que a situação é pior do que se imagina.

O temperamento é determinado em grande parte pela genética e alguns são mais naturalmente propensos do que outros a serem dominados pelas emoções. Mas os psicólogos afirmam que as pessoas podem ensinar a si mesmas a reagir com calma a situações emocionais, em vez de perderem a cabeça. George Washington, reverenciado como um líder calmo e comedido, era exatamente o oposto quando jovem, esquentado e impulsivo. "Ele cultivava a calma através da simples força de vontade", diz Dean Keith Simonton, professor de Psicologia da University of California, em Davis. Henry Ford II, ainda jovem quando assumiu o império empresarial decadente do avô, teve de demonstrar calma para enfrentar Harry Bennett, o chefe de segurança criminoso cujos capangas praticamente mandavam na principal fábrica de Ford. Na verdade, quase todo líder empresarial de sucesso tem uma história para contar sobre emoções dominadas e medos escondidos.

Desde cedo, Barack Obama aprendeu que a máscara da calma era tão boa quanto uma armadura. Em suas memórias, *A origem de meus sonhos*, conta como desarmou a mãe quando ela veio a seu quarto para repreendê-lo sobre o desempenho preguiçoso na escola e sua indolência generalizada. Em vez de discutir ou gritar, ele lhe lançou "um sorriso tranquilizador, deu-lhe um tapinha na mão e disse que não se preocupasse". Ela desistiu e, como percebeu Obama, o mesmo ocorreu com a maioria das pessoas, desde que ele se mostrasse "cortês, sorrisse e não fizesse movimentos bruscos... As pessoas ficavam aliviadas – que surpresa agradável encontrar um jovem negro de bons modos que não parecia bravo o tempo todo".

Obama também era bom em concentrar-se no que fazer para resolver um problema, em vez de reagir de forma emotiva. Sua equipe disse que, para eles, o momento decisivo na campanha foi durante uma teleconferência sobre a crise que dominava o mundo financeiro. Obama explicou em detalhes seus planos: consultaria o secretário de Tesouro, Henry Paulson, e o presidente do Banco Central americano, Ben Bernanke; em seguida, conversaria com o líder da maioria no Senado, Harry Reid; depois, decidiria o que achava da ajuda financeira proposta para o sistema bancário. Pela primeira vez, disseram seus assessores, tiveram a sensação de como ele seria se vencesse as eleições. "Foi naquele momento", disse seu diretor de comunicação, Dan Pfeiffer, que Obama "começou a parecer com um presidente e não com um candidato a presidente".

Para o estrategista de Obama, David Axelrod, a recompensa veio quando Obama resistiu à tática politicamente vantajosa de opor-se à ajuda financeira. Teria sido sopa no mel para os eleitores indignados ver seus impostos usados para salvar banqueiros gananciosos, mas Obama rejeitou a solução, considerando-a irresponsável e um risco muito grande para o sistema financeiro. Axelrod disse a um repórter da revista *The*

New Yorker que conhecia e confiava em Obama há 16 anos, "mas nunca se sabe como alguém vai lidar com os caprichos e vicissitudes de uma corrida presidencial". O processo eleitoral pode ser "bárbaro e às vezes ridículo", disse ele, porém "o que mais gosto nisso tudo é que, no fim do dia, não se pode esconder quem você é". E Barack Obama se manteve leal a si mesmo.

Para tocar sua campanha, Obama escolheu pessoas como ele em termos de personalidade – em suas palavras, "pessoas calmas, que não têm altos e baixos". O resultado foi um estilo de campanha que os jornalistas logo cunharam de "Obama sem drama". Mas, de acordo com qualquer medida, os funcionários que trabalharam na campanha foram bem-sucedidos no cargo para o qual foram escolhidos: agradaram o candidato, trabalharam com tranquilidade e conhecimento de causa e ganharam a corrida.

A regra "sem drama" era para valer. Alyssa Mastromonaco, diretora de cronograma de Obama, era um dos poucos assessores de campanha com experiência real no cargo, por ter trabalhado na candidatura de John Kerry em 2004. Ela estava acostumada a um estilo mais impetuoso e, quando perdeu as estribeiras em uma teleconferência, recebeu uma visita de repreensão de uma delegação de colegas. "Eles diziam: 'Alyssa, essa é uma campanha na qual precisamos respeitar as opiniões alheias e você não pode agir como uma megera'", disse ela ao *The New Yorker*. "Pensei: 'Meu Deus, esses caras estão falando sério!'"

Foi o gerente de campanha, David Plouffe, que manteve o tom comedido. Em um contraste nítido com a maioria dos mandachuvas políticos, Plouffe não fazia estardalhaço. Como disse o estrategista Steve Elmendorf: "Com David, você faz o seu trabalho, conclui o seu trabalho e mantém a discrição."

A VERDADEIRA CHAVE PARA CULTIVAR A CALMA É APRENDER A CONCENTRAR-SE EM UMA RESPOSTA PRÁTICA A UM PROBLEMA.

Obama era o chefe incontestre, que presidia as reuniões, inquiria os assessores e insistia em obter a opinião de todos na mesa. "Ele parte do princípio de que, se você não disse nada, pode discordar", disse Valerie Jarrett, sua consultora. "Não sei precisar o número de vezes em que ele olhava para mim quando eu não tinha aberto a boca ainda, me encarava e dizia: 'No que está pensando?'" Obama elogiava o trabalho bem-feito em público, agradecendo aos organizadores locais em seus comícios de forma tão entusiasmada quanto agradecia ao prefeito ou governador do estado, e dava a seu pessoal feedback direto e sincero. "Se ele está contente, você fica sabendo", disse Jarrett. "Se ele preferir fazer algo diferente, você fica sabendo. Ele não tem vergonha de ser claro. Acho que há muitos diretores-executivos que não oferecem feedback direto."

Ela está certa e a campanha de Obama deveria ser um modelo para líderes empresariais de todas as partes.

Em outras palavras, quer Barack Obama tenha nascido calmo ou aprendido a ser assim, a calma era para valer.

SEJA CALMO: IGNORE OS ESPETÁCULOS, MANTENHA A CONCENTRAÇÃO – AS LIÇÕES DE SARAH PALIN.

Quando a palma da mão de Barack Obama porventura fica suada, ele certamente não o demonstra. Mas seus assessores talvez tenham tido de usar um pouco de talco logo após John McCain ter escolhido Sarah Palin como candidata a vice. A opção foi uma tática típica de McCain – impulsiva, um tanto peculiar e desafiadora, com um quê de jogada desesperada. "Arriscamos tudo", disse um de seus assessores, ao ver McCain apresentá-la. E, a princípio, o pessoal de Obama viu Sarah Palin como um presente absoluto, uma candidata inexperiente cuja escolha minava o argumento de McCain de que Obama não estava preparado para o Salão Oval. "Tudo bem, acabou o jogo", disse um assessor na teleconferência da manhã seguinte.

Foi então que as dúvidas começaram a emergir. A governadora do Alasca era agressiva, independente, um sopro revigorante. E era uma política nata. A revista *Newsweek*, ao vê-la ridicularizar Obama, alegre, em seu discurso de aceitação, disse que três dos assessores de Hillary Clinton que haviam sido contratados por Obama entreolharam-se com tristeza. "Essa mulher é sinônimo de confusão", disse um deles.

Nos dias que se seguiram, à medida que Sarah Palin reunia multidões cada vez maiores para os comícios de McCain e a imprensa da campanha se preocupava mais com ela, o nervosismo do pessoal de Obama só aumentava. Os números de McCain estavam subindo, em parte porque Sarah Palin estava atraindo uma onda de mulheres a seu favor. No *ethos* sem drama do pessoal de Obama, não havia pânico evidente. Mas, como disse um assessor sênior à revista *Newsweek*: "As pessoas ficaram um pouco como Kerry e Dukakis por alguns dias" – uma referência fatídica ao pessimismo azedo das campanhas democráticas. David Axelrod, o principal estrategista, tranquilizou as pessoas, afirmando que a bolha de Sarah Palin estouraria mais cedo ou mais tarde, e David Plouffe, gerente de campanha, solicitou calma a todos.

A equipe de Obama esforçou-se para permanecer imperturbável. A queda nos números poderia ser atribuída ao típico reflexo pós-convenção a favor de McCain. E, de qualquer maneira, Sarah Palin não era a atração principal; era apenas um espetáculo secundário – certo? As pessoas votam na cabeça de chapa, não no vice-presidente. O importante era manter-se concentrado no jogo para valer. E um assessor sênior levou essa mensagem ao quartel-general de Chicago, exigindo que o pessoal enfeitiçado por Sarah Palin a tirasse da cabeça! "O adversário é McCain!"

Na campanha de 1992 de Bill Clinton, o estrategista James Carville colocou um cartaz célebre – "É a economia, seu burro" – para manter os olhos do seu pessoal na bola. E, de modo semelhante, os líderes empresariais que valorizam resultados sólidos, em vez de protocolo e jurisprudência empresarial, estão aprendendo novas maneiras de fazer negócios. A disciplina no emprego, o horário de trabalho e até mesmo os escritórios em si são apenas espetáculos secundários para as empresas que aprenderam a obter resultados por meio de horário flexível, planos de compartilhamento de tarefas e trabalho a distância. E, por mais incrível que possa parecer, o U.S. Patent and Trademark Office (Escritório de Marcas e Patentes dos Estados Unidos) está na vanguarda desse movimento, com cerca de 40% dos funcionários fazendo pelo menos parte do trabalho fora do escritório. Algumas pessoas trabalham em casa, ao passo que outras utilizam os escritórios de trabalho on-line do órgão, que dependem de configurações de satélite em locais de 25 a 128km do centro de Washington. Em um estudo-piloto sobre o e-trabalho, os analistas de patentes mostraram um ganho de produtividade de 10%, sem perda de qualidade.

O sucesso do programa fez o Escritório de Patentes ser reconhecido pela revista *BusinessWeek* como um dos melhores lugares para se iniciar ou concluir a carreira nos Estados Unidos. A revista *Families* chamou o órgão governamental de um dos locais de trabalho mais amigáveis à família da área de Washington.

Quando você se concentra no que é importante, não deixa nada distraí-lo – nenhum costume, orgulho, nem mesmo a perda da persona empresarial cuidadosamente gerenciada. Por exemplo, não é nada comum um médico de sucesso e respeitado permitir que uma enfermeira ou funcionário do hospital o enfrente em público, exigindo dinheiro e conseguindo. Como vice-presidente executivo do prestigioso Methodist Hospital em Houston, Texas, pode-se esperar que o dr. Marc Boom exija mais do que um pouco de respeito ao caminhar pelos corredores do hospital e entrar e sair dos quartos dos pacientes. Contudo, por vezes, um funcionário do hospital aparecerá à sua frente e dirá: "Pare aí e me dê US$20!" Um tanto sem graça, Boom tirará a carteira do bolso e entregará uma nota de US$20.

O minidrama é ideia do próprio Boom, parte de sua cruzada para manter o hospital concentrado no ataque à praga das infecções hospitalares que atingem instituições médicas em todos os Estados Unidos. Para dramatizar a solução simples ao problema – fazer o pessoal médico lavar as mãos entre um atendimento e outro –, Boom desafiou os funcionários do hospital a segui-lo e a outros executivos em suas visitas. Qualquer um dos chefões pegos negligenciando a lavagem de mãos ao entrar ou sair do quarto do paciente perde US$20 no ato.

É um tanto quanto duro para a dignidade, mas os resultados mais do que compensam qualquer incômodo. O índice de conformidade à regra de lavagem de mãos do Methodist Hospital, que havia caído para 40% antes da iniciativa de Boom, subiu para mais de 90% e as infecções diminuíram consideravelmente.

Manter o foco em John McCain, e não em Sarah Palin, mostrou-se lucrativo para a campanha de Obama. A análise do partido de McCain com relação a Sarah Palin foi um tanto inconsistente. Na Internet, fervilharam rumores de que Sarah Palin queria privatizar a Previdência Social, que pertencia a um partido que defendia a emancipação do Alasca, tornando-o um país, e que lia a revista ultraconservadora da John Birch Society. Mas, à medida que a campanha veiculava esses rumores – além da destituição de Sarah Palin do comissariado de segurança pública do Alasca, que se recusou a demitir o ex-cunhado da candidata –, eles não prejudicavam tanto Sarah Palin, mas ressaltando o estilo de tomada de decisão "aja primeiro e pense depois" de McCain. Era possível ter um comportamento tão impulsivo na Casa Branca? Os eleitores se perguntavam.

Quando vazou a informação da campanha de McCain de que Sarah Palin adquirira um guarda-roupa de US$150 mil, os próprios assessores de McCain começaram a atacá-la, chamando-a de "diva" incontrolável. E, com isso, Sarah Palin tornou-se um risco para McCain e uma vantagem para Obama.

Barack Obama derrotou Sarah Palin sem nunca tê-la atacado. Ele manteve a calma enquanto mantinha o foco em John McCain, o verdadeiro alvo, e isso foi suficiente.

SEJA CALMO: SOLUCIONE O PROBLEMA, DEIXE A CULPA DE LADO – AS LIÇÕES DA DERROTA DAS PRIMÁRIAS DO TEXAS.

As primárias do Texas foram um imenso troféu na campanha democrática de 2008 e o pessoal de Barack Obama gastou US$20 milhões para conquistá-lo – e perder para Hillary Clinton. Logo depois do desastre, Obama sentou-se com seus principais conselheiros para uma avaliação póstuma.

Obama estava calmo e sério. Não houve recriminações; apenas uma discussão tranquila sobre o que dera errado e como evitar essas falhas da próxima vez. No final da reunião, Obama levantou-se e caminhou em direção à porta. Em seguida, virou-se:

"Não estou gritando com vocês, pessoal", disse.

Deu mais alguns passos e virou-se novamente.

"É claro que, depois de jogar pela janela US$20 milhões em duas semanas, eu poderia gritar com vocês. Mas..." (pausa) "... Eu não estou gritando com vocês." Com uma risada rápida, Obama saiu.

A vida empresarial é repleta dessas avaliações póstumas – e é assim mesmo que deve ser. Se uma empresa não tem falhas, não está correndo riscos suficientes. O que conta é como se enfrentam os erros – a conta perdida, o novo produto abortado, a jogada surpreendente da concorrência. O exemplo de Barack Obama após a derrota nas primárias do Texas deve ser lembrado – calmo de fio a pavio. E, embora "Obama sem drama" possa ser o herdeiro de uma predisposição genética, os psicólogos dizem que a calma pode ser uma reação aprendida.

Os bons líderes – estejam eles engajados na política ou participem do mundo empresarial – sabem que há momentos de culpabilizar e momentos de seguir adiante. Se os problemas no Texas tivessem sido causados por indolência, descuido ou má organização, Obama com certeza teria sido duro com os culpados. Mas se os enganos baseados em boa-fé, desdobramentos imprevistos ou simples azar foram os culpados, ele sabia que era melhor não responsabilizar ninguém e concentrar-se em resolver os problemas. O leite já fora derramado, mas havia novas batalhas a travar e nenhum tempo ou esforço a perder com acusações e reformulação de pessoal. Sem um culpado único, todos os conselheiros assumiriam parte da responsabilidade – e todos se esforçariam mais da próxima vez.

E a risada abrupta de Obama ao partir, sinalizando o quanto a derrota havia doído, reforçou a mensagem.

SEJA CALMO: JOGUE DURO QUANDO NECESSÁRIO – AS LIÇÕES DE UMA VIDA DEDICADA À POLÍTICA.

Manter a calma não significa ser bobão. Nas partidas de basquete improvisado, Obama é capaz de dar cotoveladas embaixo da cesta – e, na política, grande parte de seu sucesso resulta de jogo duro. Se um adversário está por baixo, Obama não vai ajudá-lo a levantar-se.

Sua primeira campanha foi para uma cadeira no Senado estadual de Illinois. Alice Palmer, a detentora da vaga, estava abrindo mão do posto para concorrer ao Congresso e o apoiou. Mas, quando ela perdeu a eleição para o Congresso, mudou de idéia e pediu a Obama que desistisse e lhe devolvesse sua vaga no Senado. Àquela altura, ele já dera início a uma campanha, recrutara uma equipe e fora a inúmeras reuniões comunitárias. Alice Palmer ficou furiosa, com toda razão, quando ele se recusou a abandonar o posto.

Alice Palmer fez de tudo para obter assinaturas suficientes em um abaixo-assinado a fim de que seu nome constasse da cédula eleitoral, mas Obama contestou muitas delas – e um juiz decidiu que um número suficiente de assinaturas era inválido e pôs fim à sua candidatura. Ainda jogando duro, a equipe de Obama prosseguiu, analisando os abaixo-assinados de dois outros candidatos, e ele acabou como o único nome na cédula eleitoral.

Ele logo passou a ser visto como um dos principais personagens da Câmara. Demonstrou seu talento para derrotar os conservadores ao forçar um projeto de lei que reprimia os policiais que paravam mais motoristas negros do que brancos. Seu raciocínio era que evitaria para o estado de Illinois processos de discriminação dispendiosos e sua principal tática foi a escuta paciente e emendas criteriosas ao projeto de lei para satisfazer as objeções conservadoras. Como diria Tom Daschle, seu futuro mentor no Senado dos Estados Unidos, ele aprendeu que a "melhor forma de persuadir é com os ouvidos".

Nas primárias presidenciais, o adversário mais forte de Obama era de longe Hillary Clinton, e sua estratégia de jogo duro escolheu-a como alvo desde o início. Depois de ter definido seu tema principal, a "transformação", disse Larry Grisolano, seu conselheiro, a pergunta passou a ser: "Como falaremos de transformação de um modo que faça Hillary Clinton pagar por sua experiência?" A solução foi descrevê-la sistematicamente como uma política endurecida que se concentrava mais no funcionamento do sistema do que em sua mudança. Em um memorando, os assessores de Obama aconselharam-no a definir a caracterização com delicadeza, situando a eleição como uma opção entre "cálculo" e "convicção", mas sem "direcionar os contrastes de forma tão sutil... de modo que os eleitores não entendam que estamos falando de HRC".

Na eleição geral, o jogo duro foi a primeira opção contra John McCain. O próprio McCain foi um estudo de caso sobre o risco de permitir a recuperação de um adversário. Em meados de 2007, sua campanha fora considerada falida e mergulhada em caos interno, mas ele se recuperou e venceu as primárias de New Hampshire para depois ganhar de lavada como o candidato republicano.

Portanto, quando ficou claro que a máquina de captação de fundos de Obama baseada na Internet poderia arrecadar somas inéditas, o senador de Illinois desistiu rapidamente da promessa de respeitar os limites do sistema de financiamento público. Obama pagou por essa abjuração com constrangimento e severas críticas de McCain, mas foi um preço pequeno, suplantado pelo fluxo de doações que chegaram a seus cofres de campanha. No todo, Obama angariou impressionantes US$639 milhões, praticamente o dobro dos US$335 milhões de McCain (transformou-se em mito urbano que grande parte do dinheiro de Obama teria vindo de pequenos contribuidores; na verdade, apenas pouco mais de um quarto foi doado por pessoas cujas contribuições somavam US$200 ou menos, embora as doações totalizando US$1 mil ou mais tenham representado uma fatia menor do que nas campanhas de McCain, John Kerry e George Bush). O resultado global foi um fundo que permitiu a Obama enfrentar McCain até mesmo em estados que pareciam seguramente republicanos e McCain não podia sequer começar a equiparar-se a ele.

A vantagem de Obama parecia tão desequilibrada que ele fez um alerta com relação ao excesso de confiança no quartel-general da campanha, lembrando sua inesperada derrota por Hillary Clinton em uma primária anterior: "Para aqueles que estão se sentindo eufóricos ou convencidos ou acham que já está decidido, tenho duas palavras: New Hampshire." E fez sua campanha com força total, nunca dando a McCain um minuto sequer para recuperar-se.

A lição para os líderes empresariais é óbvia e bem fundamentada na experiência: todos nós já vimos casos de gigantes do setor, complacentes e prósperos, dando à concorrência abertura para reagir e assumir a liderança. Houve uma época em que a AOL tinha praticamente todo o mercado de e-mails, mas ignorou as incipientes Google, Yahoo e uma série de outras, para seu próprio risco – e, atualmente, a AOL é um jogador mediano.

Os líderes sábios sabem que não devem perder a calma, mas também não podem dar trégua a seus adversários – principalmente quando sua empresa tem vantagem aparente, pois essa vantagem pode acabar de uma hora para outra se a concorrência descobrir um novo ângulo ou tocar um ponto oculto que encontra ressonância no cliente. Quando o adversário está por baixo, nunca permita que se recupere.

Um diretor-executivo que conhecemos, que prefere permanecer no anonimato, concorda com essa afirmação. Como um homem hábil de operações, ele joga duro, sempre. Quando assumiu o principal posto de uma grande empresa de manufatura, a situação estava indo de mal a pior. Ele analisou a situação e arregaçou as mangas.

A maioria dos concorrentes comparava-se segundo um único padrão: custos em relação à receita. Mas, como era de seu conhecimento, se todos estavam adotando os mesmos padrões, todos eram iguais. Portanto, ele e sua equipe de liderança começaram a mapear todas as unidades e funções de negócios, comparando-as com as dos adversários. Sua meta era tornar-se o melhor em todas as categorias.

O exercício ajudou-o a reestruturar com êxito a empresa em apuros. Foi capaz de ver com clareza como a empresa estava em relação à concorrência, onde precisava de melhorias e onde precisava endurecer e parar. Seus concorrentes iam sentir a pressão.

Uma rede superior de coleta de informações foi uma das armas que Barack Obama usou para surpreender a concorrência, como descobriu Alice Jelin Isenberg durante os dias que passou caçando votos para Obama em New Hampshire. "Já participei de muitas campanhas", ela nos disse, "mas essa era diferente". No fim do dia, como de costume, os caçadores de votos voltavam ao quartel-general local e entregavam sua contagem. Digamos, de 100 lares, talvez 60 pessoas atendessem a porta e, dentre elas, talvez 30 dissessem que iam votar em Obama, 20 em McCain e 10 não tivessem uma resposta. Dessa vez, a diferença era que, em vez de os dados serem simplesmente guardados para posterior classificação, as informações que Isenberg e os outros caçadores de votos haviam coletado eram imediatamente inseridas no "laptop de um jovem" e despachadas para o quartel-general de Obama em Chicago.

"Isso estava acontecendo em estados disputados em todos os Estados Unidos", disse ela. "As informações vinham de milhares de pessoas como eu. Às 20h ou 21h de uma dada noite, a campanha sabia quantas pessoas iam votar em Obama. Não era preciso recorrer a agências de pesquisa de opinião pública."

Obama recorreu a outra nova ferramenta contra seu adversário. Nas campanhas passadas, os voluntários cuja tarefa era reunir quem não vota tinham listas de pessoas que provavelmente votariam e iam às suas casas para garantir que haviam votado. Mas a campanha de Obama descobriu o "Houdini", um programa que permite que os analistas de opinião pública identifiquem eleitores e imediatamente retirem-nos das listas dos laptops dos voluntários, deixando apenas as pessoas que não votam garantidas, as quais serão contatadas.

O treino do dia da eleição foi magistral. Antes, as equipes de voluntários reuniam-se em shoppings ou regiões eleitorais; agora, organizavam-se e ensaiavam antecipadamente. Só no estado disputado de Ohio, a campanha de Obama passou seis meses recrutando e treinando 1.400 equipes comunitárias. Jon Carson, o supervisor nacional do programa, disse a um jornalista: "Conseguimos os melhores e eles nos dão 40, 50, 60 horas por semana. São empoderados e nós os tornamos responsáveis." De sua base em Chicago, disse Carson, ele podia ter certeza de que estavam batendo às portas e dando telefonemas.

Como convém a um jogador que joga duro, Barack Obama nunca perdeu a paciência. Na reta final da campanha, John McCain vacilava com relação à sua resposta à crise financeira, primeiro anunciando que suspenderia a campanha para oferecer liderança em Washington e depois deixando de oferecer soluções e voltando à trilha da campanha. Obama manteve o rumo constante, mas seus assessores conseguiram retratar McCain como um oportunista egocêntrico. E, a dias da eleição, a campanha de Obama gastou US$4 milhões na transmissão de um infomercial de meia hora no horário nobre em três redes americanas – um estratagema que McCain não podia nem pensar em equiparar. De quatro, McCain nunca se levantou; Obama certificou-se disso.

Já que falava de forma suave e elegante, já que se havia formado em Harvard, algumas pessoas tinham a impressão de que Obama era uma espécie de Adlai Stevenson atual, uma espécie de intelectual passivo, que vê todos os ângulos da questão, que não conseguiria de forma alguma derrotar candidatos tão veteranos de combate como Hillary Clinton e John McCain. Na verdade, Obama revelou-se um caráter duro, com uma atitude calma que não é facilmente abalada mesmo no auge da batalha.

Trata-se de um modelo que funciona bem nos negócios também. Jogar duro não significa exibicionismo; se você detém o poder, não há necessidade de ostentá-lo. Um número demasiado de líderes empresariais transforma em hábito exigir reverência por conta de um potentado. Governam de forma ditatorial, agindo com arrogância em relação a todos, tentando constantemente demonstrar seu poder e dureza ao desdenhar aqueles que os cercam, fazendo discursos belicosos e tomando decisões arbitrárias.

Além de afastar todos ao alcance de sua voz ou e-mail, essas pessoas estão simplesmente plantando as sementes da própria queda. Os líderes deveriam ser mais perspicazes. Joga-se duro quando necessário; do contrário, lidera-se com ponderação e empatia. Obama nos mostrou como pode ser feito.

SEJA CALMO: BEM FAZ AQUELE QUE EXTRAVASA FORA DE CASA – AS LIÇÕES DOS JOGOS DE BASQUETE DE OBAMA.

Todos nós sabemos como os políticos se comportam durante a campanha: conversam, apertam mãos, beijam bebês e comem, comem, comem. Canelone em Little Italy, panquecas em Miami, linguiça em Milwaukee, dim sum em Chinatown. O político típico sempre fará das tripas coração para conseguir um voto, principalmente durante uma eleição disputada, quando os apetites são alimentados pelo estresse.

Mas Barack Obama não é como a maioria dos políticos. Tanto na candidatura primária quanto na presidencial, Obama manteve a atitude frugal com relação à comida. Em uma hamburgueria em Indiana, mordiscou uma única batata frita. Em uma panquequeria em Minnesota, pediu apenas panquecas para viagem. Quase todas as noites, fazia a mesma refeição – salmão, arroz e brócolis.

O presidente eleito é uma pessoa muito disciplinada, que se orgulha de manter um exterior calmo e eficiente. É claro que ele sente frustração e raiva como o resto de nós; apenas ele as mantém a sete chaves.

Ao contrário de alguns de nós, contudo, ele também sabe que, sob esse exterior calmo, há algo além de um santo em um terno bem talhado. Ele conhece a si mesmo o suficiente para perceber que pode perder a calma se não extravasar alguns de seus sentimentos; portanto, reserva uma hora para tal extravasamento. No frigir dos ovos, o truque para manter a calma é reservar algum tempo para perdê-la. O basquete improvisado é sua válvula de escape e ele joga duro. No basquete improvisado, não há juiz. As camisetas são puxadas, há cotoveladas e cada bandeja é veementemente contestada. A única regra é: "Sem sangue, sem falta."

De acordo com Craig Robinson, cunhado de Obama e técnico do time de basquete masculino da Oregon State University, Obama, de quase 1,90m, tem uma boa velocidade e resistência e um razoável arremesso em suspensão canhoto. Ele é magro demais para chegar à cesta com sua musculatura, mas tem alguns movimentos cheios de manha – um drible cruzado, por exemplo – capazes de fazê-lo chegar à cesta. Robinson ficou conhecendo o jogo de Obama a pedido da irmã Michelle. Michelle fez Craig jogar uma partida individual com seu namorado para ver se ele monopolizava a bola ou exigia faltas demais.

Obama sabe o que faz. Muita gente, principalmente os líderes empresariais, passa o dia todo, todos os dias, às suas mesas, sem tempo reservado para extravasar. Então, quando a pessoa explode, ela e todos à sua volta acabam se queimando. Quantas vezes você não descontou a frustração com relação ao Grande Fiasco A no culpado pelo Fiasco Menor B? Ou ficou constrangido ao ter um acesso por conta de um relatório de projeto fraco?

O impacto desse tipo de comportamento excede seu efeito em você. Destrói o estado de espírito do escritório. Seu pessoal fica com medo de lhe trazer más notícias ou oferecer a menor crítica a suas idéias. As possíveis novas contratações são adiadas por conta de sua reputação.

A verdade é que todos nós precisamos de tempo regular, rotineiro e planejado para que possamos nos afastar e extravasar as chateações e a raiva acumuladas durante o dia. Para algumas pessoas, é a corrida noturna, quando a escuridão e o relativo silêncio são mais propícios a fazer as preocupações do dia serem liberadas e a mente se abrir para pensamentos mais elevados. Ryan Black, diretor-executivo da Sambazon, fabricante de suco e sorvete de açaí brasileiro, sediado na Califórnia, pega sua prancha de surfe e vai para a praia – geralmente perto, em Laguna ou Huntington. Mas Black também reserva um tempo para estadas mais prolongadas em lugares exóticos como Nicarágua e Indonésia. Lá, deixa os negócios totalmente para trás e não faz nada a não ser comer, dormir e surfar. O surf o ajuda a afastar-se de sua carreira acelerada, disse Black à revista *Inc.*

Michael Stelzer, cujo trabalho diurno o mantém atrás de uma mesa como presidente de uma agência de propaganda em Missouri, exerce uma das atividades mais incomuns nos dias de hoje. Quando Stelzer deseja relaxar, acende a forja no quintal e elimina o estresse e a frustração batendo em um pedaço de metal incandescente. Stelzer já moldou de tudo, de grades de deques a ganchos para casacos, e disse à *Advertising Age* que bater "pra caramba" em um pedaço de metal é uma excelente forma de aliviar o estresse.

Mas não é necessário ter qualquer passatempo exótico. Como Obama, você pode usar exercício físico mais tradicional – se não for basquete, algum outro esporte ou esteira atendem muito bem ao propósito. Pode praticar ioga ou outra disciplina de relaxamento. Faça o que der resultado para você. Você, sua família e seus amigos colherão os benefícios – e também sua empresa.

SEJA CALMO: ADAPTE-SE AO MOMENTO – AS LIÇÕES DA GAFE DE OBAMA NA CAROLINA DO SUL E DA RECUPERAÇÃO EM IOWA.

Certamente, Barack Obama é calmo e cerebral; contudo, um tanto paradoxal, também é visto como o melhor e mais interessante orador dos tempos modernos. Foi seu eletrizante discurso de abertura da convenção democrata de 2004 que lhe deu primeiramente um lugar no cenário nacional. Mas, até a campanha de 2008, suas habilidades eram formais e voltadas para a grande escala. Característica incomum para um político, ele era voltado a seus interesses, reservado e um tanto distante – calmo a ponto de parecer totalmente frio. Ele carecia da capacidade de exaltar sua platéia, alimentar sua emoção e reagir a ela, criar um diálogo que faria a multidão levantar com animação febril, entusiasmada por ele e sua causa. Era um talento do qual precisaria e ele sabia disso; estava determinado a aprender.

Uma primeira experiência foi um fiasco total. Segundo a revista *Newsweek*, que contou a história em uma crônica detalhada sobre a eleição americana de 2008, Obama imitou a cadência usada pelos pregadores negros enquanto tentava tranquilizar a plateia afro-americana na Carolina do Sul de que um negro poderia realmente ser eleito presidente.

"Só quero que tenham certeza... Não estaria concorrendo à presidência se não tivesse confiança de que iria *ganhar*!", disse Obama. Isso gerou vivas e gritos de "Amém!"

"Não me interessa o *segundo* lugar!" Os vivas se avolumaram à medida que a multidão ia se animando.

"Não estou concorrendo ao cargo de *vice*-presidente! Não estou concorrendo a *secretário* de alguma coisa!" Ele sorria à medida que a energia da multidão se dirigia para ele. Mas, exagerado, foi um pouco além, desviando para uma ostentação arrogante.

"Eu estava indo muito bem antes de concorrer à presidência! Já sou senador dos Estados Unidos!" De repente, a multidão se calou, mas Obama prosseguiu. "Todo mundo já me conhece! Já vendi muitos livros! Não preciso concorrer à presidência para aparecer na televisão ou no rádio..." Um único grito quebrou o silêncio e Obama jogou a última cartada desesperada: "Estive no programa da Oprah!" Isso provocou risos e vivas. Ele tinha se saído bem – por pouco.

Barack Obama, contudo, aprende rápido. Apenas uma semana depois, em um jantar importante que levaria às convenções partidárias de Iowa, fez um discurso tipicamente eloquente para uma plateia repleta de simpatizantes. Então, chegou ao clímax, uma história cuidadosamente ensaiada sobre uma triste sessão na Carolina do Sul com um público pequeno e enfadado. Uma senhora negra havia aparecido para salvá-lo, levando a multidão a um discurso em contraponto de "Pegando fogo!" e "Pronto para a largada!"

"Portanto, temos uma coisa para lhes perguntar", disse Obama à plateia do jantar, sua voz elevando-se a um quase grito. "Vocês estão pegando fogo? Estão prontos para partir?" Ouviu-se um poderoso rugido e a plateia estava cantando com ele: "Pegando fogo! Pronto para partir! "Pegando fogo! Pronto para partir!" Dali em diante, isso tornou-se o fechamento de seu discurso político padrão e sempre deu certo.

David Broder, do *The Washington Post*, descreveu a cena de sempre: "À medida que se torna quase impossível aguentar os gritos, ele acrescenta as palavras que resumem toda a sua mensagem e fazem os eleitores saírem com seus casacos porta afora: 'Vamos mudar o mundo.'" Em todas as plateias, escreveu Broder, "há um choque de pura eletricidade nessas palavras finais. Lágrimas maculam alguns rostos – e algumas pessoas parecem um tanto abismadas".

Em sua própria vida empresarial, é improvável que escute a vibração de uma gigantesca plateia aos gritos em um estádio. Mas, em praticamente qualquer canto que for, há no ar sinais eletrizantes se você conseguir sintonizar a antena para captá-los – sinais dos clientes que reagem a uma campanha de marketing, vendedores que ouvem uma apresentação orçamentária, novatos em um seminário de treinamento.

A fim de transformar os sentimentos interiores de seus funcionários ou clientes em entusiasmo por seu produto ou uma atitude animada com relação a seus empregos, deve observar a pessoa que fica entusiasmada primeiro e depois pegar essa energia e refleti-la de modo que todo o grupo de interessados possa amplificá-la inúmeras vezes.

Não hesite em desviar-se do roteiro a fim de reagir a uma chama de entusiasmo e dar à sua plateia a chance de transformá-la em fogo. Até mesmo uma pequena reunião pegará fogo se o ímpeto for uma emoção autêntica. Mas cuidado: não é possível obter esse tipo de reação ao dar a alguém uma pista de antemão. A espontaneidade planejada tem todo o calor da lenha artificial que reluz quando se liga a tomada.

Lembre-se também de que o feedback compreende muito mais do que as reações de uma multidão exaltada. Compreende todas as respostas que um líder obtém das pessoas que o cercam. O feedback está onde você o achar e, mesmo quando não é entusiasmado, os bons líderes o buscam constantemente.

O FEEDBACK ESTÁ ONDE VOCÊ O ACHAR E, MESMO QUANDO NÃO É ENTUSIASMADO, OS BONS LÍDERES O BUSCAM CONSTANTEMENTE.

Quando era prefeito de Nova York, Ed Koch era conhecido por perguntar a todos que encontrava: "Como acha que estou me saindo?" Os verdadeiros líderes também têm cuidado em ouvir mais do que falar. Uma pessoa com capacidade de ouvir faz cada um se sentir a pessoa mais importante de um recinto, pois o ponto de vista do respondente é levado bem a sério. E os líderes que escutam mostram que entendem a importância da reação da plateia. Segundo John Whitehead, antigo vice-secretário de Estado e copresidente do Banco de Investimentos Goldman Sachs: "Quando se fala, diz-se apenas o que já se sabe, ou acha que se sabe. Só se aprende quando se escuta."

Também é vital para um líder certificar-se de que a resposta que obtém é o mais sincera possível, e a melhor maneira de fazer isso é evitar revelar para onde se inclina. Até mesmo os bons conselheiros não estão isentos de favorecimento ao revelar ao chefe o que ele deseja ouvir e serão honestos apenas se não souberem isso. Se você der uma pista apenas sobre a conclusão que favorece, o que ouvirá daí em diante será apenas a prova de que está certo e é inteligente.

Em praticamente oito horas de reunião para discutir as possíveis opções de vice-presidente de Barack Obama, segundo Eric Holder, que dirigiu o projeto de avaliação de vice-presidente e, desde então, tem sido considerado um dos nomes para o novo procurador-geral, o próprio Obama foi paciente e incansável. Ele levantou detalhes ínfimos dos volumosos relatórios sobre os candidatos e pediu feedback de todos que se encontravam na sala. Se alguém ficava calado por algum tempo, Obama cutucava essa pessoa: "Ainda não ouvi sua opinião." Mas nunca demonstrou o menor sinal de sua preferência até a opção final do senador de Delaware, Joe Biden. Segundo Holder: "Não se sabia sua opinião. Eu tinha uma ideia, mas não tinha nenhuma certeza." Como resultado, o conselho foi sincero e a discussão sondou todos os prós e contras.

Permanecer calmo sob pressão, solicitar a opinião alheia e manter a mente aberta até a decisão final, todos são atributos importantes de um líder. Mas, depois que a estratégia for definida e o caminho tiver sido traçado, lembre-se novamente: mantenha o foco no que é importante, não se permita qualquer distração e não saia do curso.

SEJA CALMO: LIDERE COM HUMILDADE – AS LIÇÕES DA NOITE DA ELEIÇÃO.

A demorada campanha finalmente chegou ao fim e mais de 125 mil fãs, gritando e chorando, estavam esperando no Grant Park em Chicago o presidente eleito, Barack Obama, cantar sua suada vitória. O astral era exultante, alguns beiravam a satisfação; não queriam nada a não ser ouvir Obama acabar com os republicanos derrotados.

Mas ele continuou calmo. Seu discurso de vitória foi tranquilo, conciliador, uma conclamação à cura em uma época conturbada. "Não somos inimigos, somos amigos", disse simplesmente, citando o primeiro discurso inaugural de Abraham Lincoln. "Embora a paixão nos tenha colocado em lados opostos, isso não deve destruir nossos laços afetivos." Algumas pessoas da plateia da noite das eleições podem ter ficado decepcionadas, mas os milhões de americanos que assistiam pela televisão viram apenas o tipo de homem em quem votaram – alguém capaz de ficar acima de rixas insignificantes e unir o país, um presidente que, na verdade, traria modéstia e humildade ao Salão Oval.

A invocação de Lincoln não foi por acaso. Há muito, Obama estuda o décimo sexto presidente americano e, como

Lincoln, muitas vezes considerou a humildade uma virtude essencial. Isso não significa entreguismo, submissão ou a humildade hipócrita de Uriah Heep, de Charles Dickens. A humildade é o sinal de um líder com confiança suficiente a ponto de não sentir necessidade de ser arrogante, vangloriar-se e dominar as pessoas que o cercam.

Além da Bíblia, Obama tem citado *Team of Rivals*, de Doris Kearns Goodwin, como um livro essencial cuja mensagem encontrará ressonância enquanto ele prepara a mudança para a Casa Branca. É a história de como Lincoln escolheu adversários políticos inteligentes, ambiciosos e experientes como seus principais conselheiros – homens como William Seward, que esperava controlar Lincoln como secretário de Estado, mas acabou como seu maior admirador e amigo íntimo. E, nas primeiras nomeações como presidente eleito, Obama tomou o mesmo rumo.

FICAR CALMO NÃO SIGNIFICA SER COVARDE.

Há uma lição importante nisso para todos nós: um líder realmente eficaz não anuncia suas vitórias, não exige deferência nem obediência cega, tampouco considera o desacordo uma deslealdade. Aí se encontra a ladeira escorregadia para a complacência e o fracasso. Um líder de verdade recorre a pessoas inteligentes e obstinadas, aprende com seus argumentos e muda as táticas sem constrangimento quando suas ideias são melhores.

Pense em Warren Buffett, o multibilionário aberto, o Sábio de Omaha, cujas décadas de realizações lendárias como investidor não macularam em nada sua humildade. Após um ano ruim, Buffett disse aos acionistas: "No todo, vocês estariam melhor se eu sempre tivesse ido ao cinema no horário da bolsa."

A humildade não vem naturalmente para a maioria dos líderes empresariais e você pode ser perdoado por sua resistência. Esforçou-se tanto para chegar aonde chegou, ansiando pelo dia em que não receberá ordens de gente que se considera melhor do que você. Você finalmente chegou lá em cima e nós o estamos aconselhando a ficar calmo – controlar o desejo de assumir o leme. Nosso único argumento é que a humildade trará recompensas, tanto nos relacionamentos com as outras pessoas quanto para você. Uma olhada nos déspotas inferiores do mundo é prova cabal: a arrogância, o orgulho e a dominação constantes são exaustivos e nada atraentes.

Alguns grandes executivos demonstram humildade ao assumir o posto de funcionários ausentes ou que simplesmente precisam de um descanso. Shirley Ward, fundadora e diretora-executiva do Ward Group, uma agência de propaganda de US$34 milhões de Dallas, de tempos em tempos assume o cargo de recepcionista da empresa. Quando o cargo de comprador de mídia ficou vago, ela o ocupou durante algumas semanas.

Outra executiva de Dallas, Chris McKee, sócia administrativa da Venturity, uma empresa de terceirização de contabilidade de US$2 milhões, assumiu parte do trabalho de um assistente de *controller* que saiu de licença médica.

Os benefícios de um estilo de gerenciamento baseado na humildade se encontram em destaque na comunidade de empresas da Zingerman's em Ann Arbor, Michigan. A pequena delicatessen, que abriu as portas em março de 1982 em Detroit Street, transformou-se em um império de US$30 milhões com 545 funcionários, compreendendo uma padaria, uma cremeria, um restaurante, um serviço de catering, uma consultoria, uma empresa de torrefação de café por atacado, uma operação de vendas por catálogo e, como não poderia deixar de ser, uma versão bastante ampliada da delicatessen original.

Os fundadores, Paul Saginaw e Ari Weinzweig, ainda são os chefes, embora, para eles, a definição desse papel tenha evoluído com o passar dos anos. Eles acreditam que os funcionários devam ser tratados como os clientes. E, quando visitam as várias empresas, buscam ativamente modos pelos quais possam ajudar.

"As pessoas me dão tarefas o tempo todo", disse Weinzweig. "Às vezes, tomo notas. Às vezes, limpo. Às vezes, levo comida às reuniões."

As solicitações têm de ser cabíveis. Por vezes, admite ele, um funcionário tentará "tirar proveito" de sua boa vontade em servir. Mas não acontece com frequência. E sua humildade tem ajudado a infundir nos funcionários uma forte noção de lealdade a eles e a seu empreendimento. Portanto, já era de se esperar que a revista *Inc.* descrevesse a Zingerman's como "a pequena empresa mais bacana dos Estados Unidos".

Contudo, em nenhum lugar está escrito que a humildade deva prevalecer sobre qualquer outra característica do líder de sucesso. A confiança e a humildade, por exemplo, podem coexistir confortavelmente. Veja Barack Obama, que pode ser tão confiante que chega a parecer arrogante. Quando estava entrevistando Patrick Gaspard antes de contratá-lo como diretor político, Obama alertou: "Acho que escrevo meus discursos melhor do que meus redatores de discursos. Conheço mais sobre as políticas de qualquer assunto em particular do que meus diretores de política. E digo aqui e agora que vou achar que sou um melhor diretor político do que meu diretor político." No entanto, Obama também sabe quando ultrapassou o limite. Peggy Noonan, uma colunista conservadora, certa vez o criticou por ter comparado seus primeiros percalços à "ascensão de Lincoln da pobreza, sua maestria final da língua e das leis, [e] sua capacidade de superar a perda pessoal e continuar determinado diante de derrotas contínuas". Noonan escreveu maldosamente que Obama estava "explicando que é muito parecido com Abraham Lincoln, só que um pouco melhor". Ao relembrar o diálogo em suas memórias, *A audácia da esperança*, Obama escreveu, irônico: "Ai!"

Seu senso de confiança aparece em suas nomeações de cargos de alto escalão na administração. Dentre suas opções, algumas pessoas influentes e determinadas – muito diferentes dos tipos calmos e imparciais que escolheu como assessores em sua campanha. É preciso contar com uma pessoa segura de si para escolher Rahm Emanuel, um congressista sabidamente durão, como chefe de Gabinete, por exemplo, e Hillary Clinton como secretária de Estado. Significa que você deseja ouvir pontos de vista discrepantes – e que está confiante de que é capaz de aguentar a pressão e tomar as próprias decisões.

Para Obama, a humildade compreende manter a aparência de modéstia, como demonstrou na campanha após as forças de McCain, ao pressentir vulnerabilidade, atacarem-no como uma mera "celebridade" semelhante a Paris Hilton ou Britney Spears. Desde as primárias, segundo sua conselheira sênior Anita Dunn, a campanha diagnosticou um "problema de comício": enquanto Hillary Clinton atingia multidões em pequenas cidades e reuniões em prefeituras, o apelo de Obama às massas levava imensas multidões a comícios que dramatizavam sua oratória, mas em nada contribuíam para reforçar suas credenciais de cidadão comum. A campanha organizou uma "vigília ousada" que mantinha as celebridades que o apoiavam a certa distância e minimizou o estilo bombástico e esplendoroso à la Hollywood para o discurso de aceitação de Obama na Convenção Nacional Democrata em Denver.

A humildade de Obama não é apenas aparência – é real, sua confiança é temperada por constante autoavaliação. Por exemplo, após ter participado em 2007 de um fórum sobre saúde com Hillary Clinton, alguém que Obama realmente respeita, ele percebeu que ela o havia ofuscado. "Ela foi muito bem e eu preciso satisfazer esse padrão, passar no teste", publicou o *The New Yorker* como sua citação a David Axelrod, seu principal estrategista. "Não sou um grande candidato no momento, mas vou descobrir como ser um grande candidato."

Seja um político como Obama ou um líder empresarial como Ari Weinzweig, da Zingerman's, a disposição de deixar de lado o orgulho e os sinais do poder pode produzir grandes resultados. Não sugerimos que você desista do papel de responsável pelas decisões ou que, de alguma forma, rasteje perante seus funcionários. Estamos sugerindo que, em seus contatos diários com o pessoal, demonstre que não se leva muito a sério, que está realmente interessado em ouvir seu ponto de vista e que deseja ajudá-los no que estiver a seu alcance. Um pouco de humildade de sua parte pode contribuir sobremaneira para a criação de uma forma de trabalho cooperadora e entusiasmada.

P.S. A determinada altura, o discurso de vitória de Obama no Grant Park em Chicago estava programado para terminar com fogos de artifício. Obama cancelou os fogos. Isso é que é ser equilibrado.

Não há nada mais inútil em uma crise do que um líder viciado em ataques, acusações e denúncias. Isso não é liderança;

é burrice e fraqueza, certeza de transformar pequenas disputas em grandes guerras.

Assim como Barack Obama desprezou os ataques dissimulados com uma calma praticamente sobrenatural, os líderes empresariais precisam lidar com as más notícias e os contratempos inesperados com compostura pessoal e credibilidade organizacional. Isso requer tempo para preparar-se para qualquer surpresa com planos de contingência minuciosos, prontidão para executar esses planos e disposição de agir primeiro, em vez de culpar logo de cara.

"... NO FINAL DO DIA, NÃO SE PODE ESCONDER QUEM VOCÊ É." – DAVID AXELROD.

Obama conquistou os eleitores ao parecer presidencial. Os líderes empresariais podem conquistar o próprio eleitorado ao passar no teste de permanecer imperturbável em todas as crises, maiores ou minúsculas. O comportamento admirável evoca reações de admiração – esforço, dedicação, lealdade. Desnecessário dizer que o líder mais calmo invariavelmente atrai os seguidores mais eficazes e cria a organização mais eficiente. Nos negócios, campanhas de marketing inteiras, resultados e preços de ações podem depender de o líder nunca perder a calma.

Ser calmo, obviamente, não é o único requisito ao sucesso, nos negócios ou na política. Atualmente, deve-se também lançar mão de novas técnicas e ferramentas, principalmente tecnologias sociais – como fez Barack Obama em sua campanha, o que analisaremos no próximo capítulo.

LIÇÕES

- Ignore os espetáculos – mantenha a concentração.

- Solucione o problema; deixe a culpa de lado.

- Jogue duro quando necessário.

- Extravase fora de casa.

- Adapte-se ao momento.

- Lidere com humildade.

OS NEGÓCIOS –
ASSIM COMO A
POLÍTICA – SÃO
EXTREMAMENTE
PESSOAIS.

CAPÍTULO 3
Seja social

Um dos segredos igualmente importantes para a vitória de Obama foi seu ágil uso das redes sociais – o uso de sites como Facebook, Flickr, Twitter e YouTube, que estimularam milhões de jovens americanos não só a registrar-se como eleitores pela primeira vez, como também ajudaram a garantir que todos votassem. Obama aproveitou tecnologias da Internet dificilmente imaginadas na última eleição presidencial – blogs, mensagens de texto, redes de celulares e toda uma comunidade de base nacional (My.BarackObama.com). Essas ferramentas criaram comunicação instantânea com seus simpatizantes, transformando pequenos doadores em um poderoso exército de contribuidores e voluntários, e ao mesmo tempo somando mais votos eleitorais cruciais nos estados mais disputados.

O uso por Obama das tecnologias sociais teve o efeito duplo de transformar indivíduos animados em uma cruzada nacional. Por exemplo, seu aplicativo para o iPhone ("Obama 08") convertia o livro de endereços eletrônicos do usuário em uma ferramenta de propaganda eleitoral – uma lista de telefonemas prioritários para os amigos em estados disputados e outras áreas-chave. Com algumas teclas, os simpatizantes de Obama angariavam o voto dos amigos da forma mais eficiente em termos de custos, multiplicando amplamente o alcance da campanha e, ao mesmo tempo, economizando dinheiro.

O Twitter tornou-se um analista eleitoral eletrônico para Obama no dia das eleições. Os ávidos microblogueiros de Obama no Twitter – sondando e enviando mensagens de texto entre si o dia todo – garantiram que ninguém se esquecesse de votar. Os usuários do Facebook marcavam um quadrado em sua página para mostrar aos amigos que haviam cumprido o dever cívico. Às 10h30, horário da costa leste dos Estados Unidos, na noite das eleições, só o contador de votos do Facebook atingira 4,9 milhões – um barômetro da democracia saudável e sem precedentes em uma campanha presidencial.

NOS NEGÓCIOS, ASSIM COMO NA POLÍTICA, AS COMUNIDADES ON-LINE ESTÃO TORNANDO ULTRAPASSADO NOSSO MODO NORMAL E ARRAIGADO DE FAZER AS COISAS.

No caso das empresas, os benefícios do uso dessas tecnologias são óbvios – de custos menores a mais clientes, maior eficiência e maiores lucros. Se você seguir as diretrizes inspiradas por Obama expostas neste capítulo, o benefício à sua empresa será quase certo, mas apenas se também esforçar-se para superar um problema empresarial sério que chamamos de DSC (Disfunção Social Corporativa). Após ter ajudado centenas de líderes a pensar sobre as tecnologias sociais, descobrimos que muitos se veem atingidos pelos sintomas primários da DSC – egoísmo e relutância em ceder o controle às suas comunidades, sejam elas clientes, funcionários ou sócios.

A DSC também contamina suas vítimas com a falsa impressão de que os negócios não são pessoais. Um equívoco. Como sugere a introdução deste capítulo, os negócios – assim como a política – são extremamente pessoais. O trabalho e suas satisfações, bem como suas insatisfações, são entremeados de emoções. As pessoas demitidas de seus empregos sentem um desgosto pessoal. As pessoas apoiadas por suas empresas sentem gratidão. E os clientes tornam-se leais quando compartilham das metas da empresa e sentem que o uso de seus produtos ajuda a melhorar o mundo. A realidade é que, quanto mais pessoal é o negócio em um sentido positivo, mais valioso e resiliente (e lucrativo) ele se torna.

Eis o que podemos aprender com a campanha de Obama.

SEJA SOCIAL: CULTIVE NOVAS BASES, AS REDES VIRTUAIS – AS LIÇÕES DE ASSUMIR OS ENCARGOS.

No dia 5 de novembro de 2006, Barack Obama marcou uma reunião com seus conselheiros mais próximos nos escritórios de Chicago de David Axelrod, consultor político e principal estrategista de sua campanha. Na véspera, o Partido Democrata obtivera uma vitória arrebatadora sobre os republicanos, conquistando o controle do Senado, da Câmara dos Representantes e da maioria dos governos e legislaturas estaduais. Obama escolheu esse momento para mapear a estratégia que pretendia seguir em sua candidatura à indicação democrata.

Além de Axelrod, naquele dia, a plateia de Obama compreendia sua esposa, Michelle, seu gerente de campanha, David Plouffe, Robert Gibbs, iminente diretor de comunicação, Marty Nesbitt e Valerie Jarrett, antigos conselheiros.

O cenário era comum – uma sala de reuniões pequena, mal iluminada, com garrafas de água, latas de refrigerante e biscoitos. A apresentação de Obama compensou. Sua mensagem foi revolucionária. O país estava pronto para a mudança, disse ele – não apenas uma mudança de administração, mas uma guinada na política conservadora. Seu principal adversário nas primárias, Hillary Clinton, certamente teria o controle inicial dos doadores mais substanciais e o apoio da maioria dos líderes do partido. Seu coração e sua cabeça diziam-lhe que deveria seguir um caminho novo e drasticamente diferente.

Sua campanha, disse ele, seria "de baixo para cima, e não de cima para baixo". Quando era organizador político, Obama vira como uma campanha de base poderia dar certo. Ele havia propiciado a mudança nas ruas pobres de Chicago, registrando certa vez 150 mil novos eleitores, com apenas 10 funcionários e 700 voluntários. Agora, poderia fazer o mesmo para o país como um todo.

No entanto, além disso, Obama e seus assessores tinham de reconhecer a vantagem de Hillary Clinton. A abordagem de base era essencialmente a única opção de Obama, uma necessidade, se fosse superá-la. Mas não seria simplesmente uma campanha antiquada, do tipo em que se bate de porta em porta. Não, as bases que Obama queria atingir em especial seriam encontradas na Internet – mídia social e conteúdo gerado pelo usuário em particular. Se conseguisse vender seu peixe sobre a mudança aos milhões on-line, poderia ter um cofre de campanha descomunal e mobilizar um exército de trabalhadores dedicados.

Obama reconheceu que não lhe restava opção: tinha de se tornar íntimo e dependente das bases eletrônicas, ou *netroots*, um termo cunhado para descrever o ativismo político pelos meios sociais on-line. Atualmente, essa necessidade é igualmente válida para todos os líderes empresariais, reconheça você ou não. Nos negócios, assim como na política, as comunidades on-line estão tornando ultrapassado nosso modo normal e arraigado de fazer as coisas.

Por exemplo, há algum tempo, é óbvio que o marketing tradicional não funciona muito bem. O público não confia nas empresas para informar a verdade sobre seus produtos. As pessoas ignoram metade dos comerciais veiculados pela televisão e, se tem gravadores de vídeo digitais como o TiVo, pulam por completo os comerciais. Uma campanha por mala-direta que obtém uma resposta de 2% é considerada um grande sucesso. Os estudos mostram que a maioria dos consumidores, quando indagados a quem devem recorrer para obter informações confiáveis sobre um produto, respondem: "A uma pessoa como eu."

No passado, isso significava que Fulano ou Beltrano provavelmente conversariam com um familiar ou vizinho antes de fazer uma grande compra. Atualmente, a diferença é que fazem consultas on-line.

Quase que da noite para o dia, aparentemente, a Internet tornou-se um lugar em que bilhões de pessoas de todas as idades, status e etnia passam o tempo, em que são tomadas decisões sobre o que pensar, aonde ir, o que comprar – a rede tornou-se parte clube, parte biblioteca, parte cinema, parte shopping. Só nos Estados Unidos, mais da metade da população viu pelo menos um vídeo on-line em 2008. Um terço dos americanos pesquisa regularmente questões relacionadas à saúde em sites de redes sociais. O Facebook tem mais de 100 milhões de membros registrados.

Essa imensa comunidade de base está transformando a maneira como são conduzidos os negócios. Individualmente e em sites de redes sociais, seus membros comparam notas sobre produtos que possuem ou esperam possuir. Quanto tempo leva para dar defeito? Quanto barulho faz? Existe algum produto mais barato? É onde Fulano e Beltrano decidem o que comprar, não sentados na frente da televisão.

Funções que antigamente eram seara exclusiva dos profissionais de marketing estão sendo usurpadas pelas pessoas on-line. Elas pesquisam marcas concorrentes para descobrir o melhor negócio e espalham o recado aos quatro cantos do mundo. Elas vendem um produto ou outro entre si. Oferecem serviço ao cliente, respondendo a perguntas sobre o desempenho do produto e resolvendo problemas.

As seguintes vinhetas mostram como os programas de marketing da Internet baseados no usuário mudaram o cenário empresarial:

- O *Evolution*, um minifilme instigante produzido pela Dove, a linha de sabonetes e produtos higiênicos da Unilever, foi citado como um exemplo legítimo do novo tipo de marketing por Jonah Berger, professor de marketing de Wharton. O vídeo, que dura apenas 1 minuto e 14 segundos, passou a ser viral em 2007, conquistando 5,5 milhões de exibições no YouTube. Trata-se de uma sequência em *time-lapse* que mostra como uma modelo de aparência normal se transforma em um rosto sexy de outdoor, graças a um exército de maquiadores e à manipulação com o Photoshop. Termina com o seguinte comentário: "Não é de estranhar que nossa percepção de beleza seja distorcida."

  Foi feito para vender sabonete? Não, diz Berger: "É mais do que vender sabonete"; tem a ver com "iniciar um diálogo sobre a beleza do qual a Dove participa". O filme é apenas um elemento da Campanha pela Real Beleza da Dove, explica Kathy O'Brien, diretora de marketing da marca. A promoção inclui propaganda, sites, outdoors, eventos no mundo real e um Fundo Dove para a Autoestima. Seu sucesso tem sido estrondoso: mais de 4,5 milhões de pessoas "já visitaram o site campaignforrealbeauty.com e dividiram palavras de estímulo em apoio aos esforços para ampliar a estreita definição de beleza", relata O'Brien.

Ao identificar-se com uma causa nobre e, em seguida, inspirar a multidão a espalhar o fato aos quatro ventos, a Dove plantou as sementes de aprovação do cliente que colherá com o tempo, em forma de aumento das vendas.

- Um vídeo totalmente anticonvencional de 2 minutos, criado por um trio de comediantes profissionais, foi escolhido como um dos 10 semifinalistas de um concurso do YouTube patrocinado pelo Corolla 2009 da Toyota. A ideia central é a seguinte: três universitários estão viajando para Daytona Beach, Flórida, no recesso de primavera. O cara no banco de trás anuncia naturalmente que trouxe um bardo. Seus amigos no banco da frente olham para trás e veem dois músicos em trajes elisabetanos, um com um pandeiro, o outro com uma flauta. "Um bardo?", indagam os amigos. "É", diz o cara do banco de trás. "Ele canta nossas proezas, aventuras e tudo mais. Minha família levou um quando a gente foi esquiar em Vail; é bem legal." Seguem-se vários segundos de cantoria idiota enquanto o motorista do carro começa a se sentir incomodado. Ele acaba sendo parado por excesso de velocidade quando o filme chega ao fim.

De acordo com os padrões tradicionais de marketing, o filme é um desastre. Não só deixa de mencionar o Corolla da Toyota, como, na verdade, os jovens estão dirigindo um Honda. "Como dar ao Corolla um ar de irreverência?", pergunta Berger, da Wharton, antes de responder à própria pergunta: "É o tipo de coisa que você não pode simular; tem de ser assim para valer."

Cindy Knight, porta-voz da Toyota, explicou que, na verdade, a recompensa não foi o filme vencedor, mas o concurso em si: a empresa está "tentando desenvolver um relacionamento com a próxima geração de compradores do Corolla", um grupo que ela definiu como formado por clientes jovens, bem-educados, nativos do mundo on-line e profundamente envolvidos com o YouTube. Segundo o *The Wall Street Journal*, a campanha da Toyota no YouTube custou US$4 milhões e envolveu colaboração intensa entre o site de rede social, Google, a Toyota e a Saatchi & Saatchi, a agência de propaganda contratada pelo fabricante de automóveis. O concurso cumpriu seu propósito ao conquistar a participação do pessoal, tanto como os criadores dos candidatos como fontes de blogs e e-mails sobre eles.

- Uma campanha brilhante da Sprint Nextel e da Suave, outra marca da Unilever, criou uma vasta comunidade de mães on-line – e um mar de conteúdo valioso gerado pelos usuários – ao lhes pedir para contribuir com histórias engraçadas sobre maternidade. As melhores de todas foram transformadas em uma série de episódios na Internet e promovidas ao programa televisivo "The Ellen DeGeneres Show". A campanha, "In the MotherHood", obteve contribuições on-line de dezenas de milhares de mães e foi cunhada de "sucesso surpreendente" pela revista *Adweek*. "Acabamos por criar não apenas diversão, mas também uma área na qual as mães podem dialogar entre si", explicou Ted Moon, diretor de marketing digital da Sprint Nextel. As mães, segundo ele, sentiram claramente a necessidade de pertencer a uma comunidade, e "estarmos associados à concretização [disso] ofereceu grandes ganhos para nós como empresa".

SEJA SOCIAL: CRIE UMA COMUNIDADE CONTÍNUA – AS LIÇÕES DE MY.BARACKOBAMA.COM.

Em fevereiro de 2007, Barack Obama tomou uma decisão que seria fundamental em sua candidatura à presidência: contratou Chris Hughes.

Quando se soube que Hughes, de cabelos ruivos e rosto de criança – que aparenta menos ainda do que seus 24 anos –, estava sendo incorporado à campanha, houve rebuliço em alguns lugares. A incorporação de Hughes significava que Obama dedicaria muita energia e recursos à construção de uma presença revolucionária na Internet.

Hughes foi criado em Hickory, na Carolina do Norte, e mudou-se para o norte, onde frequentou a Academia Phillips em Andover, Massachusetts, antes de ir para a Harvard University. Em Harvard, seu colega de quarto era Mark Zuckerberg, um prodígio da informática. Com outros dois amigos, a dupla criou um site de acesso aberto no qual os alunos da Harvard se conectavam entre si. O site expandiu-se rapidamente e passou a incluir qualquer aluno da universidade, depois qualquer aluno do ensino médio e, em seguida, qualquer um com mais de 13 anos. Atualmente, o que se conhece como Facebook tem mais de 100 milhões de usuários ativos.

EM CADA INTERAÇÃO ON-LINE COM AS MASSAS, OS ASSESSORES DE OBAMA PRETENDIAM CRIAR UM RELACIONAMENTO NO QUAL AS MASSAS ESTAVAM NO COMANDO.

Hughes abandonou seu posto executivo no Facebook para trabalhar na campanha de Obama (embora continue possuindo ações no valor de muitos milhões de dólares). Após instalar-se em seu cubículo mínimo no quartel-general do candidato em Chicago, ele bolou um novo site chamado My.BarackObama.com, conhecido na campanha como MyBo. MyBo era o local para o qual você iria se indicasse no site principal, barackobama.com, que queria ajudar a eleger Obama.

De forma clara, elegante e divertida – seu design foi muitas vezes comparado com o do iPod e de outros produtos da

Apple –, MyBo estimulou e permitiu que mais de 1 milhão de visitantes doassem seu tempo e/ou dinheiro à causa. O enorme poder do site provinha do fato de que os visitantes, após compreenderem suas opções, estavam basicamente por conta própria. E, como diz Hughes, comparando o MyBo ao Facebook: "A verdadeira semelhança e o que fascina é que ambos são alimentados pelas pessoas."

À la Facebook e outros sites de redes sociais, os membros do MyBo criaram as próprias páginas e ingressaram em grupos afins, fornecendo as costumeiras informações e fotos pessoais. Mas, além de compartilhar informações, esperava-se que os membros do MyBo se comprometessem com as atividades de campanha com seu grupo, como ligar para uma lista de pessoas fornecida pelo site. Também se esperava que gerassem um "índice de atividade" em sua página e relatassem os resultados de seus esforços até o momento, além de criar uma página pessoal para arrecadar fundos que incluía sua meta monetária individual e uma mensagem a ser enviada aos amigos e familiares. A página de cada pessoa incluía um termômetro para mostrar seu progresso em relação a essa meta e os visitantes da página também podiam ver os resultados – uma forma nada sutil de pressão aos colegas.

A obra de Hughes angariou centenas de milhões de dólares para Obama, inspirou milhões de telefonemas, organizou dezenas de milhares de eventos e é amplamente reconhecida como fator-chave no resultado das eleições. Um blogueiro ofereceu sua crítica: "É para admirar a história de um cara de

24 anos que fez uma diferença monumental ao ajudar Barack Obama a tornar-se presidente dos Estados Unidos. Em outras palavras, esse jovem ajudou a mudar o mundo." Ele também mostrou como o modelo de rede social pode ser usado para promover e arrecadar fundos para uma nova marca política.

A primeira meta de uma rede social voltada aos negócios é, obviamente, amealhar uma série de pessoas que têm interesse em sua empresa e seus produtos. Chris Hughes teve a tarefa facilitada nesse aspecto, pois os possíveis membros de sua rede eram simpatizantes de Obama, escolhidos por eles mesmos. Mas todas as empresas contam com um conjunto substancial de pessoas às quais recorrer – clientes e investidores satisfeitos, funcionários, ex-funcionários e todos os seus parentes e moradores das comunidades em que se encontram as fábricas da empresa.

Assim como Barack Obama fez com o My.BarackObama.com, a empresa pode atrair pessoas para sua rede social ao promovê-la no principal site da empresa. Mas facilitar o caminho para a criação de uma comunidade é como entrar aos poucos na água fria do mar. Na verdade, mergulhar é mais fácil. Portanto, nosso conselho é: atire-se.

Os líderes empresariais tendem a ingressar nos meios sociais dando um passo de cada vez – começam com um fórum de discussão, digamos, ou talvez um blog. Isso é fácil e a forma acessível de fazê-lo é reunir as tecnologias por conta própria. Mas essa abordagem gera um problema: quando se dá o passo seguinte, as duas partes talvez não se juntem de forma contínua. Um membro do fórum de discussão, por exemplo, talvez tenha de se registrar de novo para ler os blogs e não possa ir e voltar entre as duas áreas. É trabalhoso e incômodo e, você, como anfitrião, não pode facilmente recuperar e usar as informações que os membros fornecem.

É melhor começar com a criação de uma plataforma de comunidade integrada que possa oferecer suporte a todas as suas possíveis atividades. Você pode contratar um provedor de serviços de software para criá-la ou, caso tenha habilidade e energia, criá-la por conta própria. O que importa é que, independentemente de como a crie, uma plataforma contínua é muito melhor do que uma geringonça remendada.

Quando estiver funcionando, você terá uma plataforma de lançamento para várias outras atividades. Os membros que se registrarem no fórum de discussão, por exemplo, podem automaticamente inscrever-se em outras áreas, como avaliação de produtos ou postagem de comentários em um blog. Esses membros também estarão disponíveis para uma pesquisa e, quando você for criar um wiki, seus membros podem contribuir para ela também.

E, quando o anfitrião (ou seja, você) estiver usando uma plataforma integrada, terá acesso a muito mais informação do que quando utiliza ferramentas discrepantes. Por exemplo, em um fórum de discussão, você pode definir uma busca por palavra-chave que lhe informa as 10 palavras mais usadas em uma conversa. Pode ver todas as discussões que o grupo teve e descobrir quais delas são mais lidas e quais produtos recebem a melhor avaliação ou são mais relacionados como favoritos.

OBAMA CRIOU UM FORTE E CONTÍNUO RELACIONAMENTO COM AS COMUNIDADES ON-LINE.

Na campanha de Obama, a plataforma de rede social MyBo tornou-se um gigantesco megafone eletrônico para disseminar a mensagem do candidato. E-mails com suas posições eram enviados a cada membro, transformando-se em virais à medida que iam de um site a outro na Internet. E Hughes, ao conclamar os membros a dar telefonemas para arrecadar dinheiro e/ou obter o voto, certificou-se de que lhes eram fornecidos roteiros, uma técnica cujo objetivo era manter uma imagem positiva para a campanha e produzir a melhor resposta desses telefonemas.

As formas como uma rede social contínua é capaz de beneficiar seu patrocinador decorrem basicamente da criatividade e dedicação de seus membros, que são, supostamente, infinitas. Eis dois exemplos das páginas de captação de fundos de membros da MyBo em julho de 2007: Andrew Nicholas, professor de Denver, conseguiu mais de US$1.200 para Obama ao pedir às pessoas para contribuir de acordo com sua altura; Emily Stanton, dona de casa de Baltimore, arrecadou US$744 ao solicitar doações para Obama de pessoas que concordaram em patrociná-la enquanto treinava para sua primeira maratona.

Ao utilizar uma plataforma contínua, a campanha de Obama permaneceu fiel às raízes organizadoras de comunidades do candidato: buscou transmitir uma forte ideia de missão e, ao mesmo tempo, atraiu um amplo grupo de pessoas, em grande parte jovens que antes haviam se sentido, de certa forma, alijados do processo político.

SEJA SOCIAL: ALIMENTE SUAS LISTAS – AS LIÇÕES DO CHANGE.GOV.

Quando os votos haviam sido dados e computados, a medida do triunfo de Barack Obama na Internet podia ser vista nos números. My.BarackObama.com contava com 1,5 milhão de membros, classificados em 35 mil grupos de acordo com a geografia, a vocação e os interesses comuns, como "banda de música predileta". Os membros do site tinham organizado 150 mil eventos relacionados à campanha e arrecadado um percentual considerável dos US$639 milhões em contribuições para a campanha. Também haviam respondido a um apelo da equipe de Obama para contribuir para um fundo para vítimas de furacões, coletando uma soma substancial.

Com um histórico assim, a próxima pergunta para Obama e sua equipe após as eleições passou a ser: o que vamos fazer com toda essa gente, esse imenso contingente de dedicados simpatizantes on-line? E os outros milhões que foram aos comícios, forneceram seus telefones e endereços de e-mail, apoiaram os centros telefônicos e bateram às portas vendendo biscoitos para Obama? Os dois grupos, quatro milhões de pessoas, de acordo com algumas estimativas, haviam se acostumado a receber e-mails e mensagens de texto do candidato, principais assessores e sua família. E agora?

Como sites anteriores, o grande esforço poderia ter terminado com um simples "grato pela lembrança" quando a campanha tivesse acabado. Mas dessa vez não. Um novo site foi criado, Change.gov, e o presidente eleito continuou com os e-mails e mensagens de texto. Evidentemente, Obama pretendia manter contato no longo prazo e era aparentemente certo que ele encontraria formas de mobilizar seus milhões de admiradores já ardentes – e tantos quantos pudesse conquistar – para promover seus programas. Afinal de contas, essa gente era mais do que simples fãs; estavam em busca de formas de melhorar a situação nos Estados Unidos – e Obama provavelmente teria algumas ideias quanto a isso depois que se instalasse no Salão Oval.

A justificativa aproximada para o Change.gov era manter os simpatizantes atualizados com os compromissos de Obama e outras iniciativas no período de transição através de um blog e cópias de *press releases*. Mas o site também mantém o sabor participativo. Sob o título "America Serves" (Os Estados Unidos servem), por exemplo, há uma pequena lista das novas organizações de serviços que Obama pretende criar, inclusive ajuda para escolas mal atendidas e trabalho em clínicas e hospitais. Há um formulário a ser preenchido se você estiver interessado em trabalho voluntário.

Quando este livro estava prestes a entrar na gráfica, Tom Daschle, ex-senador – escolhido para ser secretário de saúde e serviços humanitários na administração de Obama –, anunciou que vários milhares de pessoas haviam postado comentários sobre saúde no site e que ele planejava realizar uma conferência com mil simpatizantes escolhidos que ajudarão a avaliar a reestruturação do sistema de saúde. Daschle manterá contato com a comunidade via vídeos on-line, blogs e avisos por e-mail.

Na parte da frente e no centro do site, aparece um quadro conclamando os visitantes a expressarem suas opiniões sobre a direção do país: "Compartilhe suas experiências e ideias – conte-nos o que gostaria que a administração Obama-Biden fizesse e para onde você gostaria que o país fosse." Os endereços de e-mail e correio tradicional de todos os respondentes são, sem dúvida, acrescentados à lista de campanha quilométrica, assim como os das pessoas que aceitam o convite do site para candidatar-se a um emprego na nova administração.

Desnecessário advertir que pouquíssimas empresas obterão o tipo de admiração e dedicação que tantos usuários de redes sociais desenvolveram por Obama. Mas o fervor não é essencial aos ganhos empresariais. A Nike, por exemplo, está fazendo uma tentativa com o site de rede social nikeplus.com e aparentemente está se conectando ao construir as próprias listas mundiais de corredores – e, brevemente, de jogadores de basquete.

A tecnologia subjacente ao site é um aplicativo chamado Nike+, que registra as informações pertinentes do corredor desde que esteja usando uma munhequeira Nike+ ou um iPod Nano. Os sensores na munhequeira ou iPod podem ser retirados e inseridos em tênis Nike especialmente projetados que acompanham velocidade, quilometragem e calorias queimadas a cada passada.

Quando um corredor retira o dispositivo de conexão do tênis, pode acessar o site nikeplus.com ao conectar o dispositivo da munhequeira ao computador ou iPod. Todos os resultados de corridas e dados de sessões de exercício do corredor são armazenados e podem ser acessados a qualquer momento. Os corredores podem definir metas pessoais e ver a rapidez de seu progresso ou desafiar amigos a equiparar-se a seus esforços.

Desde o lançamento do nikeplus.com em 2006, os corredores já realizaram *uploads* de estatísticas, perfazendo mais de 155 milhões de quilômetros e a fatia de vendas de tênis para corrida da Nike aumentou de 48% para 61% do mercado global, de acordo com a revista *BusinessWeek*. Quando a Ballers Network estiver a pleno vapor, a Nike também espera atrair jogadores de basquete com um aplicativo para o

Facebook que permitirá aos jogadores gerenciar seus tempos on-line enquanto organizam jogos no mundo real. Mas, para nós, as possibilidades de trazer ao site da Nike participantes de todo tipo de esporte é aparentemente infinita. Por que a Nike não pode equipar seus calçados para golfe, tênis, ciclismo, caminhada ou qualquer outro esporte com tecnologia de acompanhamento?

O sucesso tanto de Obama quanto da Nike em adaptar estratégias a circunstâncias diferentes, além da determinação da campanha de Obama de não perder o contato com as comunidades do presidente, deve encontrar ressonância em todos os líderes empresariais. Se a Nike servir de indício, e é assim que consideramos, esta época de descompasso econômico não é hora de abandonar as comunidades on-line. Caso você tenha um grupo em um ou mais sites de rede social, insistimos que o mantenha e o amplie se possível. No atual mundo empresarial, os adeptos das redes sociais valem ouro, pois são os meios pelos quais é possível alcançar crescimento e lucratividade – basta dar aos sites recursos suficientes e forte liderança, inspirando o pessoal on-line a trabalhar em seu benefício.

Depois de ter conquistado o cargo que almejava, Obama poderia facilmente ter fechado sua complexa rede de comunicações ou tomado alguma iniciativa tímida para manter-se conectado às suas tropas. Tinha muito o que pensar, defrontado com o conjunto de problemas mais intratáveis há gerações. Mas justamente ele entende o poder das bases on-line para movimentar montanhas; portanto, não só continuou firme, como também expandiu sua rede. Os empresários devem fazer a mesma opção e pelo mesmo motivo.

SEJA SOCIAL: DEIXE QUE SUAS REDES VIRTUAIS CRESÇAM EM CADA BRECHA – AS LIÇÕES DO FACEBOOK (E DO MYSPAC, LINKEDIN, TWITTER, DIGG E SCRIBD).

Algumas semanas antes de Barack Obama ser proclamado o presidente eleito dos Estados Unidos, recebeu outro título: o de homem de marketing do ano. Na conferência anual da Association of National Advertisers (Associação de Anunciantes Nacionais) realizada em Orlando, Flórida, Obama passou a perna na Apple e Zappos, Nike e Coors. My.BarackObama.com recebeu um elogio especial.

Mas a estratégia de rede social da equipe de Obama foi muito além de seu site. Sua imagem e mensagem estavam por toda parte na Internet. Grande parte do que foi visto e ouvido em sites como Facebook, MySpace, LinkedIn, Twitter, Digg e Scribd resultou da equipe de design de Obama, mas o conteúdo foi criado para cada site individual e seus expectadores.

No caso do Facebook, a equipe criou um aplicativo chamado "Obama", que compreendia todo o conteúdo produzido pela campanha, inclusive vídeos, *press releases* e blogs. Até mesmo permitia que os usuários classificassem a mídia, destacando os itens mais populares. O aplicativo atraiu um milhão de simpatizantes regulares. É claro que a equipe de Obama teve certa vantagem ao criar para o Facebook, pois, como já dissemos, Chris Hughes, cofundador do site, estava trabalhando na campanha.

Cada vez mais empresas estão descobrindo as vantagens de recorrer a sites de rede social que antes eram reduto de amigos. E as de sucesso entendem que não se trata de uma proposição única. Sites diferentes apelam a pessoas diferentes. A Coca-Cola Company, por exemplo, tem atraído um amplo grupo no Facebook, no qual inúmeros fãs prestam homenagem à "coisa real" com sites que eles próprios criaram. Mas a fabricante de produtos infantis Graco decidiu que um blog daria mais certo para o contingente de jovens pais que tenta atrair. E a Comcast viu que o Twitter era talhado para abordar os clientes que tinham reclamações.

No caso da Coca-Cola, a empresa fica satisfeita em deixar que seus fãs a elogiem de qualquer forma que desejem. E, de acordo com o *The Atlanta Journal-Constitution*, tenta não invadir com as próprias proposições de vendas e afins e prefere deixar os usuários da rede ditar a interação que desejam.

Brian Uzzi, da Kellogg School of Management da Northwestern University, aplaude o discernimento da Coca-Cola. Intromissão demais e os fãs on-line podem começar a reagir da mesma forma que as pessoas respondem ao pessoal de telemarketing que liga na hora do jantar, diz ele. Podem voltar-se contra uma empresa que antes apoiavam e até mesmo começar um blog negativo sobre ela.

Acreditamos que o profissional de marketing deve pensar nas comunidades on-line como lugares privados (embora não sejam nada disso) e esperar o convite para a sala de visitas do pessoal para ter uma conversa escolhida pelo anfitrião.

A Graco, fabricante de cadeirinhas de crianças, cadeironas e afins, tenta essa abordagem mais suave e nada irritante com seu blog.gracobaby.com, no qual os pais se reúnem para falar sobre problemas comuns e fazer perguntas como se os copos infantis são ruins para o desenvolvimento dos dentes da criança, escreve o jornalista Peralte Paul, do *Journal-Constitution*. É claro que a empresa vê o site como uma forma de comercializar sua marca e imagem, mas prefere começar deixando os visitantes à vontade com a Graco e seus produtos e depois desenvolver lealdade para com o produto no longo prazo por meio de discussões úteis sobre questões relativas aos pais.

Embora a Comcast esteja feliz com sua conexão com o Twitter, sua experiência inicial com a mídia social via YouTube não foi tão gratificante assim. A empresa de cabos sentiu quando os usuários do YouTube ganharam um videotape de um de seus técnicos dormindo no sofá de um cliente após esperar mais de uma hora para obter uma resposta da própria empresa. Para o constrangimento interminável da Comcast, o vídeo foi exibido 1,28 milhão de vezes.

Mas tudo bem quando termina bem e o feedback do YouTube e da blogosfera induziu a Comcast a retificar seu serviço ao cliente ao acrescentar milhares de novos representantes. Em seguida, ela começou sua conta Comcastcares no Twitter para tratar das reclamações dos clientes e responder às perguntas; já obteve quase 12 mil "tweets." Agora, uma recém-iluminada Comcast louva a blogosfera e a considera um local excelente para obter feedback valioso dos clientes, que, do contrário, não informariam a empresa de que estavam passando por problemas.

O Visa também entrou na rede social, usando-a como uma forma de chegar às pequenas empresas. Mas, em vez de tentar criar uma comunidade on-line própria, a empresa tomou partido de uma já pronta – o Facebook – para lançar seu Visa Business Network. "Queríamos ir para onde as pequenas empresas já estão indo on-line", disse o diretor de marketing de pequenas empresas do Visa. E, para promover essa nova iniciativa, o Visa recorreu à – o que mais poderia ser? – rede social. A empresa usou alguns anúncios impressos tradicionais e de mídia on-line, mas o grosso da propaganda compreendeu anúncios que apareceram nos agregadores de notícias dos usuários do Facebook e em conteúdo de blogs.

Já era de se esperar que a propaganda no Facebook mostrou-se extremamente eficiente para alvejar e atrair novos usuários. Afinal, é aí que ficam os usuários que o Visa alvejava. Em alguns meses, a Visa Business Network contabilizava 21 mil perfis de pequenas empresas em seu site, ultrapassando suas expectativas.

Talvez a raiz da eficiência da rede virtual seja a predileção dos usuários por informar-lhe rapidamente do que gostam e do que não gostam. Por saber disso, Chris Hughes se certificou de que o material sobre Obama enviado a qualquer site fosse cuidadosamente adaptado aos interesses de seus membros. O Twitter, por exemplo, permite que seus membros tenham contato durante o dia com blogs breves e frequentes. Quando o plano energético do candidato estava pronto, atualizações de status rápidas eram enviadas ao Twitter para que os usuários soubessem que poderiam ler o plano no site de Obama. Uma cópia do plano também foi enviada para o Scribd.com, um site de compartilhamento de documentos, a fim de ser inserida no perfil de Obama mantido por lá. No LinkedIn.com, um site dedicado a ajudar a rede dos membros, Obama iniciou discussões sobre o futuro das empresas americanas. No SecondLife.com, o mundo virtual mais conhecido da Internet, o grupo "Obama for President" (Obama para presidente) patrocinou um festival de música para angariar fundos para a campanha.

Centenas de vídeos, produzidos de forma rápida e acessível pelo pessoal de Obama, foram colocados no YouTube. Mais para o final da campanha, estavam sendo carregados a uma taxa de US$20 ou mais por dia. Em outubro de 2008, os vídeos já tinham sido vistos 77 milhões de vezes só no YouTube.

A equipe de Obama, quando não estava fornecendo mensagens customizadas aos sites de rede, estava pedindo aos voluntários que o fizessem. Um voluntário que se inscreveu no

MySpace, por exemplo, pode ser solicitado a colocar um adesivo de Obama em sua página. No Digg.com, os membros postam de tudo, de notícias a vídeos, e os posts que recebem mais votos aparecem na primeira página do site. Um voluntário de Obama que estivesse por dentro do Digg pode ter sido solicitado a postar um artigo que derrubou John McCain ou elogiou Obama.

As habilidades organizacionais e tecnológicas exibidas na campanha foram simplesmente impressionantes. Alice Jelin Isenberg, membro do comitê diretivo de Obama na Nova Inglaterra, disse-nos que seu grupo foi bombardeado com e-mails, de três a cinco por dia, de todas as divisões da campanha – local, estadual e nacional. O ataque de várias frentes pela rede permitiu que as forças de Obama-Biden superassem os adversários em termos de captação de fundos, caça aos votos, contatos telefônicos – seja lá o que for (o sucesso da captação de recursos foi, em grande parte, devido ao comitê da Nova Inglaterra; os voluntários de Massachusetts arrecadaram mais dinheiro *per capita* do que qualquer outro estado).

"A organização de campo conhecia sua tarefa", disse Isenberg. "No fim de semana antes das eleições, ainda continuava recebendo e-mails indagando se eu ia para New Hampshire. Ou se eu daria telefonemas de Boston. Eles sabiam o que cada voluntário estava fazendo." Portanto, no dia das eleições, a campanha estava tão bem organizada que cada um sabia exatamente o que fazer.

Dorothy Terrell, outro membro do comitê da Nova Inglaterra, ficou boquiaberta com a comunicação por e-mail praticamente constante – principalmente a que chegou imediatamente antes de Barack Obama subir ao palco para pronunciar seu discurso de vitória no Grant Park. O presidente eleito Obama foi tão cativante e seus simpatizantes tão dedicados que alguns acharam que seus e-mails eram só para eles, disse-nos Terrell.

Os e-mails continuam até hoje, mantendo as tropas engatilhadas para dar apoio. É "muito inteligente" continuar usando a mídia social on-line, declarou Terrell. E ela tem razão, principalmente porque a talentosa equipe de Obama é tão boa em conectar-se com as pessoas de uma série de maneiras.

É claro que os líderes empresariais estão totalmente familiarizados com a noção de adequar mensagens de marketing para diferentes públicos no mundo off-line, mas têm sido extremamente lentos em aplicar essa abordagem na utilização de redes sociais. Atualmente, a maioria das organizações tem os próprios sites, mas tem tido receio de abraçar o conceito de redes virtuais para promover sua mensagem e seus produtos por meio de blogs, podcasts, wikis e outros canais de mídia social. Reconhecem que as regras desses caminhos são diferentes e não estão certos se possuem uma carteira de habilitação para trafegar por eles.

EM UM SITE DE REDE SOCIAL, UMA EMPRESA É APENAS MAIS UM VISITANTE – E NÃO NECESSARIAMENTE UM VISITANTE BEM-VINDO.

Como o público no todo, os membros desconfiam da empresa e também protegem seu site. Os representantes de sua empresa precisam comportar-se de forma simpática e sincera. Sua página deve ser informativa e atraente, de modo que interesse a determinado público que deseja alcançar. Encontrar o curso certo entre diversão e promoção é um desafio, mas é um desafio que, a nosso ver, não deve ser ignorado. Como Obama demonstrou, as oportunidades de promover uma marca nos sites de rede social são praticamente infinitas.

SEJA SOCIAL: ARME-SE, E NÃO ACEITE ALFINETADAS – AS LIÇÕES DE "HILLARY CLINTON (SENADORA DEMOCRATA DO PUNJAB)".

A campanha primária do partido democrático estava acirrada. Na imprensa, na televisão e principalmente on-line, os candidatos e seu pessoal estavam jogando granadas uns nos outros. Era a forma consagrada de fazer política, mas Barack Obama estava incomodado com o aumento constante dos ataques pessoais. Por que, indagava ele, se espera que você "acabe com o outro" para provar sua firmeza? Deveria haver alguns limites.

Foi quando um de seus funcionários passou das medidas. Em um *press release*, o assessor descreveu Hillary Clinton como "senadora democrata do Punjab", em vez de "senadora democrata de Nova York" – uma referência sarcástica ao apoio antigo de Hillary Clinton à Índia. Obama já estava preocupado com a forma como o público via o tratamento que sua campanha dispensava à ex-primeira-dama. Seu relacionamento havia deteriorado muito desde aquele dia, logo depois que anunciou a candidatura, quando ela se recusou a apertar sua mão no Senado – e ele sabia que uma campanha primária não dura para sempre; se ele ganhasse, precisaria de sua ajuda para derrotar os republicanos.

Obama convocou uma reunião de pessoal e externalizou suas objeções ao comentário maldoso contra Hillary Clinton. Ele entendia que sua equipe queria isolá-lo dos ataques dos *press releases* e, portanto, ninguém o havia informado. Mas as alfinetadas tinham de ter um fim. "Estou dizendo isso em alto e bom som – nada de olhadelas, nada de acenos com a cabeça", declarou. "Estou olhando para cada um de vocês. Se acham que estão chegando ao limite, a solução não é proteger-me – a solução é perguntar-me."

Nos negócios, assim como na política, o marketing negativo tem estado em alta – embora, nos negócios, a causa mais próxima tenha sido a retração econômica. Em época de vacas magras, o que os profissionais gostam de chamar de "propaganda comparativa" – cuja tradução livre é "acabe com a concorrência" – é tradicionalmente a tática favorita.

Em outubro de 2008, a Dunkin' Donuts deu o primeiro tiro em uma campanha contra a Starbucks com um anúncio que mostrava um grupo de degustadores que preferia o café da Dunkin' Donuts ao da Starbucks. O tom negativo da campanha foi definido com o nome do site criado para a ocasião: dunkinbeatstarbucks.com (algo como a dunkinganhadastarbucks.com). No site, tem-se a chance de enviar um cartão on-line para sua lista de endereços com mensagens como "amigo que é amigo não deixa os amigos beberem café da Starbucks".

Um dos problemas das campanhas negativas é que solicitam uma resposta. Foi o que aconteceu quando a sopa Campbell's promoveu uma nova variedade, a Select Harvest, com uma propaganda que atacava a Progresso, pois suas sopas tinham ingredientes como glutamato monossódico. Em um anúncio, a canja de galinha da Progresso era exibida com a manchete "Feita com MSG" e, ao lado, a manchete da canja de galinha da Select Harvest era "Feita com AMOR".

A Progresso respondeu com uma série de anúncios prometendo retirar o MSG de suas sopas. Em outra série, um teste de sabor entre as duas marcas termina com a Progresso como a vendedora patente.

John Faulkner, porta-voz da Campbell's, disse ao *The New York Times* que a empresa estava "contente" com a reação do consumidor aos anúncios iniciais, mas temos nossas dúvidas acerca dos resultados no longo prazo. Quando a concorrência responde com os próprios anúncios negativos, nenhuma das empresas está provavelmente tão feliz assim com os resultados finais.

Mesmo quando não há tal retaliação, um apoio tipo alfinetada é uma política perigosa. Um relatório recente da Mullen, uma agência de propaganda de Wenham, Massachusetts, descobriu que os consumidores "estão fartos de se sentir pessimistas" e "desejam marcas que lhes façam sentir-se bem". O marketing negativo não é calculado para satisfazer esse desejo. E se seu anúncio é visto pelo público como tirando vantagem desleal de uma fraqueza conhecida do adversário, pode afastar os consumidores, em vez de atraí-los.

Para os líderes empresariais com o bom senso de abster-se das alfinetadas, é imperativo seguir o exemplo de Obama e definir parâmetros claros para seu pessoal e fornecedores, especificando o que permitirá ou não e declarando as consequências caso não haja concordância.

De certa forma, essa tarefa torna-se mais complicada no universo da Web 2.0 e da mídia social, especialmente no que se refere às consequências. Cada vez mais empresas estão se voltando às comunidades on-line como a forma mais eficaz de comercializar e vender seus produtos e serviços. Um grande problema: como garantir que os posts, blogs e outro conteúdo gerado pelos usuários sobre sua empresa estarão isentos de alfinetadas. Com isso em mente, seus clientes-voluntários são operadores independentes, afinal de contas, e não funcionários. Em uma discussão travada em uma comunidade acerca dos últimos desenvolvimentos de sua empresa, por exemplo, como você repele a fofoca interminável? Como evita os comentários questionáveis ou as reclamações nos vídeos que os membros da comunidade estão criando?

A solução: nos termos de serviço de cada comunidade, especifique suas regras com exemplos do tipo de linguagem e insinuações que não tolerará. Em suas comunicações com os membros, inclua lembretes ocasionais sobre essas regras e defina uma lista de consequências para os que insistem em exceder-se. Por exemplo, comece com um aviso informal, seguido de suspensão temporária da participação e termine com o banimento cabal da comunidade. Mas, depois de definidas as regras, vale um aviso: não as fiscalize com mãos de ferro. Se não houver um quê de travessura e diversão em sua rede social, os membros logo irão para outro canto.

Outro problema fundamental: como reagir quando sua empresa é o alvo de feedback negativo do consumidor on-line? A época de ouro em que os clientes expressavam seu aborrecimento pelo correio ou telefone já era; hoje em dia, suas reclamações no Facebook, MySpace ou afins estão expostas lá para que todo mundo possa lê-las. E o pior é que, muitas vezes, esses posts inspiram outros usuários a adicionar seus comentários, na maioria das vezes reforçando o primeiro, de modo que, quando menos se espera, uma explosão de crítica se espalha pela Internet.

Recomendamos que você a evite ao responder as reclamações on-line de forma rápida, sucinta e educada. Na maioria das vezes, as empresas postergam, na esperança de que o problema simplesmente desapareça. Na maioria das vezes, ele apenas piora.

Há algum tempo, um blogueiro informou seus 100 mil leitores de que havia comprado uma tela de LCD da Best Buy. Quando apresentou defeito, escreveu ele, a Best Buy recusou-se a devolver-lhe o dinheiro. Em vez de reagir rapidamente com uma explicação sobre sua política, a empresa ficou de braços cruzados até que o volume de críticas forçou-a a reagir. Nesse ínterim, o dano já fora espalhado aos quatro ventos.

Quando o comediante Ze Frank teve de ficar em um quarto de hotel com um estranho depois que a Delta Airlines cancelou seu voo, queria parte do dinheiro de volta – e a companhia aérea recusou-se a devolvê-lo. Frank ficou uma fera em seu blog diário, "the show", mostrando um vídeo engraçado e desbocado que baixou o sarrafo na Delta. Quando a companhia aérea respondeu, o vídeo já era viral. E Frank não havia terminado. Ele incluiu um link intitulado "good goes around" (o bem voa). Esse link o levava a uma página do site delta.com com a manchete, "Perguntas frequentes sobre a concordata" e a explicação, "abaixo encontram-se as respostas a algumas das perguntas mais frequentes sobre nosso pedido de concordata".

As empresas devem responder aos ataques on-line com a verdade. Se o reclamador estiver errado, diga isso claramente, mas sem qualquer toque de moralismo. Se sua empresa estiver errada, admita e prometa agir melhor – e cumpra a promessa. De forma alguma deve ingressar em um toma-lá-dá-cá, uma troca tipo olho por olho, dente por dente. Defenda seu ponto de vista e deixe que o bom senso de seus ouvintes desvende os fatos. Eles podem reconhecer o argumento irracional do reclamador e desconsiderá-lo.

Como qualquer candidato político, de Obama ao homem da carrocinha, você e sua empresa não podem se dar ao luxo de serem vistos utilizando táticas injustas, on-line ou não. Os eleitores e os consumidores são as mesmas pessoas e têm mostrado seu desapreço por alfinetadas – na caixa registradora e nas urnas.

SEJA SOCIAL: TRANSFORME CRM EM CMR – AS LIÇÕES DA GAROTA OBAMA.

Durante a campanha, as próprias operações de Barack Obama na Internet e suas páginas nos sites de rede social produziram uma avalanche de informações sobre os milhões de voluntários que acorriam à sua causa. O problema: como organizar todo o material em um banco de dados central para utilização a fim de manter contato com todos eles. A solução: CRM, ou gestão de relacionamento com clientes. Em termos do que tinha de dizer a seus admiradores on-line, no entanto, e como o dizia, Obama era um verdadeiro adepto do CMR, relacionamento gerenciado pelo cliente.

Em seus sites, os voluntários recebiam as ferramentas necessárias para entrar em contato com os eleitores, mas eram os voluntários que decidiam quando, onde e como os contatos seriam realizados. Na verdade, em cada interação com as massas on-line, os assessores de Obama tentavam construir um relacionamento em que as massas estavam no controle.

Uma das características diferenciadoras da eleição de 2008 foi a impressionante proliferação de vídeos. A equipe de Obama os colocou em sites e depois a comunidade assumiu o controle. Decidiam se queriam ver um filme e se o colocariam em seus blogs ou páginas do MySpace e o difundiriam pelo mundo. Com o Photoshop e outras ferramentas, criavam as próprias versões dos vídeos – refazendo imagens, mudando o texto, combinando elementos de diferentes vídeos nos chamados *mashups*. Alguns dos filmes alterados eram paródias elaboradas, outros eram simples piadas visuais – como a que comparava Obama ao Dr. Spock, de "Jornada nas estrelas", e McCain ao nêmesis do Batman, o Pinguim. Talvez o mais conhecido seja o vídeo da atriz e modelo Amber Lee Ettinger, ou a garota Obama. Os visitantes do YouTube viram a sugestiva performance da garota Obama no vídeo " I Got a Crush... on Obama" (Estou apaixonada por... Obama) e suas variações mais de 60 milhões de vezes.

Obama ficou feliz com toda essa manipulação? Provavelmente, não. Mas estava ocorrendo em espaço público, não em seu site, e ele entendeu o primeiro princípio de marketing do mundo da rede social: se quiser que façam o trabalho para você, tem de aceitar que eles estão no comando. Você está operando no espaço deles e eles decidem, a cada momento, se sua missão será um sucesso ou um fracasso. Para maximizar as chances de um resultado positivo, Obama tentou criar um relacionamento forte e constante com as comunidades on-line. Após ter conquistado sua confiança, seriam mais propensos a dar as boas-vindas a ele e à sua mensagem.

A Cadbury Schweppes, fabricante de confeitos de 200 anos, sabe alguma coisa acerca do poder das comunidades on-line. Com sua ajuda, a Cadbury recuperou-se de uma série de erros quase fatais há alguns anos. O remédio foi uma campanha peculiar para sua principal marca, o chocolate Dairy Milk – um anúncio fascinante, nem um pouco parecido com o que os espectadores podiam esperar de uma empresa sem graça e velha que ostenta o selo de aprovação real.

O clipe de 90 segundos, criado pelos magos da Internet da própria Cadbury (da Glass and a Half Full Productions), começava com um silêncio sepulcral à medida que o leite era visto, mas não ouvido, espirrando atrás da logomarca. Depois, surgia uma música assustadoramente ameaçadora – os acordes iniciais de "In the Air Tonight", o sucesso de 1981 do roqueiro Phil Collins. Collins cantava "I can feel it coming in the air tonight, oh Lord" (Posso senti-lo vindo no ar hoje à noite, oh

Senhor). De repente, o público vê o rosto de um gorila em close, tomando toda a tela. A criatura, olhos fechados, a cabeça balançando, está realmente curtindo o momento. A câmera se afasta e os expectadores veem o grandalhão sentado atrás de uma bateria. Ele flexiona os poderosos músculos do pescoço, respira fundo e bam! O gorila joga a cabeça para trás, leva as baquetas no ar e começa a tocar em sintonia com a trilha sonora, que explode com o solo de bateria característico da música. O anúncio termina com uma foto da barra de chocolate Dairy Milk e o slogan da Cadbury: "Um copo e meio cheio de alegria." Não havia voz em off e a palavra chocolate jamais apareceu.

A escolha da música de Collins e de um gorila para tocá-la foi inspiradora. O efeito era estranho, engraçado, esquisito e totalmente cativante. Mas seria essa a maneira de vender chocolate? Ou melhorar a imagem pública de uma empresa? Não, decretou um antigo executivo da Cadbury. Os anúncios de chocolate só surtem efeito quando conseguem "fazer a pessoa babar", disse ele, e isso significa chocolate. Sem ele, "os anúncios da Cadbury perdem seu apelo sensual e adeus vendas".

Ele estava equivocado. O anúncio do gorila recebeu críticas entusiasmadas de críticos de televisão quando foi apresentado pela primeira vez em agosto de 2007 e uma versão em vídeo on-line decolou como um foguete na galáxia de sites de compartilhamento de vídeos. Durante sua primeira semana no YouTube, meio milhão de pessoas viram o gorila tocar bateria. Esses profissionais de marketing voluntários espalharam a palavra e o anúncio rapidamente ganhou o status de cult, atraindo mais de 10 milhões de expectadores on-line. Em seguida, uma enxurrada de cocriadores entrou com centenas de imitações geradas por usuários que brotaram no YouTube e em outros sites. Como Barack Obama, a Cadbury e Collins aceitaram as paródias e *mashups* como parte do interesse – até que o Wonderbra forçou sua entrada em cena. O anúncio, que mostrava uma modelo jovem e casadoura cujo busto atraía toda a atenção, levou Collins a acusar a empresa de violação de direitos autorais. A versão do Wonderbra foi tirada do ar.

No fim do ano, o comercial original foi considerado pelo site TellyAds.com o mais consagrado da Grã-Bretanha em 2007. E, em meses, as vendas dos chocolates Dairy Milk aumentaram 9%, uma cifra razoável para uma marca que gera US$673 milhões anuais. Além disso, o índice de aprovação do público da Cadbury's subiu 20%, e seu sucesso foi restaurado por um único comercial televisivo estrelado por um ator suado fantasiado de gorila.

No frigir dos ovos, as montanhas de material que você organiza usando o software CRM será valiosa para sua organização. E sua marca provavelmente se beneficiará dos relacionamentos que você nutre, colocando as massas no controle, tanto ou mais do que ocorre com qualquer campanha de propaganda.

SEJA SOCIAL: TORNE SEU MARKETING MÓVEL – AS LIÇÕES DA ESTRATÉGIA DE CELULAR DE OBAMA.

Ironia das ironias, o homem que vivia com seu BlackBerry, o ativista magistral cuja estratégia de celular inteligente ajudou-o a ser enviado para a Casa Branca, talvez logo esteja fora do jogo. Como presidente, Barack Obama não poderá usar um BlackBerry ou celular.

Primeiramente, há chances de que suas mensagens possam ser interceptadas, o que poderia gerar questões de segurança. E o Ato dos Registros Presidenciais exige que toda a correspondência do presidente seja mantida para exame por gerações futuras. Mesmo assim, será frustrante para Obama, que dependia muito do e-mail e das mensagens de texto do BlackBerry para manter contato com amigos e familiares, principalmente quando ficava longe deles durante longos períodos graças às exigências de campanha. Isso também lhe oferecia um fluxo independente de informações de muitas fontes. "Imagino o quanto sentirá falta dessa liberdade", disse um de seus amigos ao *The New York Times*.

Obama começou a usar as mensagens de texto de forma substancial nas primárias. A técnica fora usada nas eleições de 2006 e com bons resultados. Um estudo creditava a ela o aumento de 4% do comparecimento entre os jovens. O custo por voto era de US$1,56, uma pechincha em comparação aos US$10 ou US$20 por voto de abordagens tradicionais como caça aos votos de porta em porta e centrais telefônicas. No dia da primária de New Hampshire, sua campanha enviou três mensagens de texto para os simpatizantes, instigando-os a convencer seus amigos e familiares a votar. Sua margem de vitória entre os eleitores de 18 a 24 anos foram inéditos 40 pontos. Uma mensagem de texto típica em um estado no qual a votação ocorreu cedo: "Registre-se para votar; faltam duas semanas e só leva 5 minutos."

Em eventos de campanha públicos, muito antes de o candidato aparecer, os assessores apelavam à multidão para usar seus celulares e *smartphones* e ligar ou mandar uma mensagem de texto para todos os seus conhecidos para que viessem. Os simpatizantes de Obama recebiam um fluxo contínuo de texto e correio de voz da campanha, de *press releases* à divulgação de eventos de campanha locais. A maior promoção de mensagem de texto da campanha foi a oferta de Obama de contar para as pessoas que compartilharam o número de seu celular sobre sua opção de vice-presidente antes de informá-la à mídia. Isso acrescentou substancialmente à lista crescente de contatos de celulares que a campanha estava reunindo desde o princípio, usando chamarizes como adesivos e *ring tones* grátis.

Esses números eram preciosos para Obama. Essas pessoas podiam ser contatadas ou receber uma mensagem quando a campanha estivesse reunindo voluntários ou buscando doações; poderiam ser contatadas a fim de lembrá-las para registrar-se e votar no dia das eleições. E os números eram a ligação direta de Obama com os simpatizantes e os possíveis simpatizantes, sua forma de manter um diálogo pessoal com milhares deles.

Para voluntários como Alice Jelin Isenberg, de Boston, o comprometimento da campanha de Obama para com o celular ficou evidente quando eles apareceram no evento telefônico para estimular a votação. "Tinham uma gigantesca organização telefônica em andamento em Boston", disse-nos Isenberg. "Ocupavam um andar inteiro de um prédio vazio, mas não havia telefones fixos. Quando você entrava lá, davam uma lista de números para ligar, mas você usava o próprio celular. Fiz muitas ligações para a Carolina do Norte."

Ela não pode deixar de observar que o arranjo fez a campanha economizar uma grande soma com a instalação de centrais telefônicas.

Uma contribuição ímpar de Obama à tecnologia da política foi o aplicativo que sua equipe ofereceu ao iPhone. Além do aplicativo "Obama 08", transformou o telefone em um instrumento de campanha com botões separados que permitiam saber sobre os eventos locais de Obama (mostrados na ordem de proximidade) e a posição do candidato sobre determinadas questões, além de fotos e vídeos de campanha.

A nova mídia telefônica social deveria ter uma atração especial para os profissionais de marketing das empresas – eles separam o joio do trigo. Para receber ou enviar mensagens via celular ou *smartphone*, os consumidores precisam compartilhar seu endereço de e-mail ou número telefônico. Na verdade, estão optando por algum nível de relacionamento com a empresa. É a diferença entre dar um telefonema surpresa ou ligar para alguém que o está esperando. Significa que os profissionais de marketing podem dedicar tempo e energia à construção desse relacionamento, em vez de correr atrás do próprio rabo.

A disputa entre Barack Obama e seus adversários centrou-se em qual equipe poderia atingir o maior número de eleitores com a mensagem mais convincente. Trata-se de política eleitoral, repetida desde que o primeiro candidato da Idade da Pedra usou desenhos rupestres. Observe com atenção que mesmo uma mensagem extraordinária não chega a lugar algum sem um meio extraordinário. Contudo, no final das contas, a familiaridade de Obama com a tecnologia de Internet mais avançada ofereceu uma imensa vantagem com relação a seus adversários cujo "internetês" sempre esteve pelo menos uma geração tecnológica atrás da sua. Os jovens americanos, sagazes usuários da mídia, estavam completamente à vontade com seus artifícios sagazmente midiáticos e jovens.

Os líderes empresariais devem levar a sério essa mensagem. Só podem esperar prosperar se recorrerem às tecnologias sociais que Obama utilizou tão bem. As lições explicitadas neste capítulo podem ajudá-los a analisar a situação e adaptar as próprias empresas para tirar vantagem da rede social. Mas a campanha de Obama ainda tem uma grande lição para nós: nem manter a calma nem usar tecnologias sociais o livrará de dificuldades se você não conseguir passar no teste final: deve incorporar a mudança que seus clientes desejam. Esse é o assunto do próximo capítulo.

LIÇÕES

- Cultive novas bases, as redes virtuais.

- Crie uma comunidade contínua.

- Alimente suas listas.

- Deixe que suas redes virtuais cresçam em cada brecha.

- Arme-se e não aceite as alfinetadas.

- Transforme CRM em CMR.

- Torne seu marketing móvel.

A IMPERMANÊNCIA REGE
O UNIVERSO.

OS QUE RESISTEM À
MUDANÇA RESISTEM À
REALIDADE E À VIDA EM SI.

CAPÍTULO 4
SEJA A MUDANÇA

Em parte, o tema da mudança de Barack Obama na eleição de 2008 foi uma artimanha tática – um reconhecimento de que os eleitores perderiam a paciência com duas guerras, uma economia em destroços e a briga partidária da política convencional. Mas a transformação que ele oferecia era mais profunda do que um simples estratagema.

Como tantas vezes prometido pelos candidatos, mudança é um clichê desgastado, sete letras mortas. O triunfo de Obama era convencer os eleitores de que poderia trazer um novo tipo de política e governo. Estava apelando ao universal desejo humano de crescimento, aprimoramento e um futuro melhor. E, embora seu sucesso tenha se devido, em grande parte, à personalidade calma e presidencial e à sua maestria no manejo das tecnologias sociais, não poderia ter sido eleito sem uma percepção crucial: ele passou a incorporar a mudança que prometia. E as pessoas acreditaram que, com ele, a mudança poderia se tornar realidade.

A eleição impulsionada pela mudança de Obama nos lembra que o *status quo* é um lugar perigoso, um lugar que os líderes empresariais deveriam evitar a todo custo, principalmente nos dias de hoje. A verdade é que, como observa a introdução deste capítulo, a impermanência rege o universo. Os que resistem à mudança resistem à realidade e à vida em si. Inevitavelmente, entram em choque com contradições que podem muito bem destruí-los.

"SOMOS A MUDANÇA QUE PROCURAMOS."
– BARACK OBAMA

A mudança, por outro lado, oferece oportunidades que garantem o constante renascimento, o qual torna a vida viável e os negócios, interessantes. A mudança é o motor tanto da política quanto dos negócios, a força do crescimento e do progresso. Os líderes não podem se dar ao luxo de ficar parados, não podem insistir que o presente é legal. Têm de afundar ou nadar, abraçando o que o economista Joseph Schumpeter chamou memoravelmente de "destruição criativa".

Se os líderes empresariais não correrem atrás da destruição criativa, a economia não se recuperará, as indústrias não se regenerarão e os Estados Unidos caminharão rumo à depressão, prejudicando nossos filhos e netos, bem como a nós mesmos. Entretanto, se aceitarmos a necessidade de enterrarmos o morto e abraçarmos o vivo, o pior também pode levar ao melhor. Ideias de recuperação já abundam, como novos incentivos fiscais e programas de estímulo para fomentar habilidades comercializáveis, inspirar o reinvestimento, substituir estradas e pontes em mau estado, criar prédios eficientes em termos energéticos e conseguir empregar milhões graças a uma das reengenharias mais fundamentais dos Estados Unidos desde a década de 1930. Se você ainda não aceitou a necessidade de ação drástica, outros aceitarão prazerosamente seu lugar. Mas se você leu o livro até este ponto, é provável que seja um de nós – otimistas, ansiosos para agir rapidamente e fazer os Estados Unidos serem imediatamente revitalizados.

Eis como Barack Obama abraçou e incorporou a mudança – e como você, também, pode abraçá-la e incorporá-la.

SEJA A MUDANÇA: CONFRONTE A REALIDADE E CONTEXTUALIZE OS PROBLEMAS – AS LIÇÕES DE JEREMIAH WRIGHT E O DISCURSO SOBRE A QUESTÃO RACIAL.

Em retrospectiva, a campanha presidencial de Barack Obama chegou perto do colapso com a crise criada pelos sermões tóxicos de seu antigo pastor, o reverendo Jeremiah Wright Jr. Mas a forma resoluta como Obama desarmou a bomba Wright, confrontando o antigo problema racial nos Estados Unidos e repaginando-o em termos recém-realistas, não só revitalizou sua candidatura, como também o definiu como um agente da mudança.

Em meados de março de 2008, em um momento já incerto da campanha primária, agentes antiObama cobriram as telas de televisão do país com clipes impressionantes de Wright denunciando o governo americano pelo assassinato de japoneses inocentes com bombas nucleares, incitando os ataques de 11 de setembro com seu próprio "terrorismo" e perseguindo afro-americanos com leis antidrogas draconianas, ao mesmo tempo em que esperavam que se cantasse *Deus abençoe a Améri-*

ca. Em vez disso, Wright vociferou: "Deus maldiga a América por tratar seus cidadãos como seres menos que humanos." Noite após noite, milhões de americanos viam close-ups de Wright gritando incessantemente essas quatro palavras: "Deus maldiga a América!" em suas televisões.

Wright era amplamente visto como um fanático racial de quem Obama era incomodamente próximo. Durante quase 20 anos, ele foi pastor de Obama na Igreja Batista da Trindade Unida de Cristo, em South Side, Chicago. Wright havia ensinado cristianismo e organização comunitária a Obama, foi quem realizou o casamento de Obama com Michelle, batizou suas duas filhas e inspirou o título do segundo livro de Obama, *A audácia da esperança*.

Os principais assessores de Obama ficaram horrorizados com o possível efeito nos eleitores brancos racialmente inflamados. Também temiam que a questão desanimasse os afro-americanos com relação às chances de Obama a ponto de ficarem irritados e possivelmente derrotistas. O instinto de David Axelrod era fingir que não conhecia Wright, ignorar a questão racial e esperar que o melhor acontecesse. O próprio Obama reconhecia que prosseguir sem qualquer comentário era provavelmente o caminho "politicamente seguro".

Mas Barack Obama é realista. Estava convencido de que um líder não podia evitar um desafio sério a algo tão central a seu ser. Entendeu que tinha de reagir ou arriscaria perder tanto o respeito quanto a autenticidade.

Mas como? Ele poderia simplesmente ter se limitado a falar sobre seu relacionamento com Wright e, como já fizera, desaprovar o extremismo deste. Em vez disso, preferiu confrontar a questão subjacente à questão. Como o primeiro presidenciável negro viável dos Estados Unidos, ele decidiu, não poderia fingir que sua raça não era uma pedra no sapato. Poderia apostar todas as fichas na crença de que as atitudes dos americanos haviam mudado, que estavam prontos para julgar seus possíveis líderes com base na inteligência, experiência e filosofia, e não na identidade racial.

Obama acabara de passar por um interrogatório de três horas pelo *Chicago Tribune*, que exigiu todos os detalhes de sua relação pregressa com um picareta de Chicago chamado Tony Rezko. Embora exausto, Obama disse a Axelrod: "Quero fazer um discurso sobre a questão racial." Ele sabia que o discurso poderia ser o fim de sua candidatura: "Ou aceitam ou não, e então não serei presidente." Mas, se perder, disse ele, "terei feito algo de valor".

Nas três noites seguintes, seus assessores, nervosos, mantiveram-se a distância para que ele redigisse o discurso, uma resposta às arengas de Wright, que promoveu brilhantemente o assunto de constrangimento a triunfo pessoal.

O discurso, proferido na Filadélfia em um museu dedicado à constituição norte-americana, foi um *tour de force* de meia hora que ecoou a meta histórica da constituição de formar uma "união mais perfeita". Segundo uma reportagem da revista *Newsweek*, Obama relembrou o conselho da mãe, olhar bem nos olhos das pessoas e sentir empatia por suas esperanças e medos. Ele reconheceu o progresso racial nos Estados Unidos, mas também descreveu com detalhes resolutos a realidade das tensões residuais entre milhões de negros e brancos. Sem demonstrar qualquer traço de raiva ou medo, revelou empatia tanto pela raiva dos negros com seu tratamento quanto pelo medo que sua avó branca sentia de homens negros na rua.

Preso em "um impasse racial", disse Obama, o país tem uma opção. "Podemos mostrar os sermões do reverendo Wright em todos os canais, todos os dias, e falar sobre eles daqui em diante até as eleições... Podemos explorar uma gafe de algum assessor de Hillary ou podemos especular se todos os homens brancos votarão em McCain. Podemos agir assim. Mas, caso o façamos, posso lhes afirmar que, na próxima eleição, estaremos falando sobre outra distração; e depois outra; e mais outra; e nada jamais mudará."

Obama ofereceu uma opção diferente: votar nele e abraçar a oportunidade de negros e brancos se unirem para resolver os problemas do país, da saúde à educação deficientes, passando por guerras intermináveis. Ele transformou a questão sobre Wright de divisão em unificação. Usou-a como a oportunidade para tirar o racismo do armário na campanha e conclamar os americanos, um povo de muitas cores, a lutar por "uma união mais perfeita".

O discurso de Obama levou muitos, negros e brancos, às lágrimas. Foi amplamente elogiado; em alguns locais, foi visto como uma grande reviravolta em sua campanha. Sua fé na capacidade de mudança do país tem sido confirmada. E não é por acaso que ele tem mostrado a questão racial sob uma ótica realista que o país pode aceitar. Ele tornou-se a mudança que estava oferecendo.

Embora as questões específicas sejam, obviamente, muito diferentes, a decisão de Obama de confrontar a questão ofereceu um exemplo memorável para qualquer líder empresarial confrontado com um desafio sério ao bem-estar de sua empresa. Por um lado, Obama demonstrou que não há ganho algum quando se esconde a cabeça na areia e se finge que o problema não existe. É mil vezes melhor levantar-se e confrontar o agressor com a verdade.

OS QUE RESISTEM À MUDANÇA RESISTEM À REALIDADE.

Por outro lado, a decisão de Obama encerra uma lição para as empresas que resistem a qualquer mudança ao *status quo*. Os negócios produziram, nos últimos anos, uma superabundância de fugitivos da realidade, líderes de organizações em crise como AIG, Citigroup, ImClone, Lehman Brother, Tyco e United Way. Em geral, essas pessoas fogem das consequências de suas loucuras como se estivessem ausentes quando as coisas saíram dos trilhos. Em casos extremos, como a AIG após a ajuda financeira de 2008, continuam a festa usando dinheiro dos contribuintes; com US$85 bilhões de dinheiro federal nos bolsos, a AIG rapidamente levou seus principais executivos de avião a um luxuoso spa na Califórnia para um fim de semana de lazer ao custo de US$443 mil.

A maioria dos empresários, contudo, vê sinais de perigo muito antes de o desastre acontecer – e, mesmo assim, não fazem qualquer mudança ou simplesmente ganham tempo. Em poucas palavras, se você vir uma grande mudança no horizonte, indague se é um modo melhor de fazer negócios. Se a resposta for afirmativa, corra para abraçá-lo.

Entendemos que não é tão simples assim. Pela própria natureza, as organizações – principalmente as de grande porte – resistem à mudança. A mudança ameaça as mordomias acumuladas durante décadas; ameaça os empregos. Mas muitas empresas têm sofrido porque se recusam a adaptar-se a uma realidade de negócios. Na verdade, as empresas de sucesso não apenas abraçam a mudança – elas saem na frente. Elas são a mudança.

SEJA A MUDANÇA: QUANDO SE ESTÁ EM TERRA FIRME, NÃO SE RETROCEDE – AS LIÇÕES COM DIVERGIR COM HILLARY CLINTON NO QUE TANGE À POLÍTICA EXTERNA.

Em um momento central logo no início da candidatura presidencial de Barack Obama, o candidato mostrou sua determinação de modo que deleitou seu pessoal e ajudou a definir a campanha. Em vez de seguir um caminho tradicional de Washington e abrandar ou ignorar uma posição a fim de evitar que o adversário ganhe terreno – de forma justa ou injusta –, Obama escolheu uma nova rota: abraçou a mudança ao manter sua afirmação original. E o fez porque sabia que estava certo desde o princípio.

O incidente ocorreu em julho de 2007, em um debate entre os oito candidatos democratas patrocinado pela CNN e pelo YouTube. Perguntaram a Obama se estava disposto a encontrar-se, sem pré-condições, com os líderes de Cuba, Irã, Coreia do Norte, Síria e Venezuela a fim de reduzir as tensões que dividiam o mundo. Sua resposta firme: "Sim."

Como um lobo avançando em um cordeiro, Hillary Clinton atacou. "Não quero ser usada com fins de propaganda", disse ela. Obama foi ingênuo, apontou ela, mostrando falta de experiência e know-how diplomático. "Usarei muitos enviados presidenciais de alto escalão para sondar o terreno, estudar a situação", disse ela, mas um presidente consciente nunca "prometeria uma reunião desse nível antes de saber quais são as intenções". Foi um ataque contundente e eficaz.

O pessoal de Obama soube de imediato que seria material para as manchetes e que a equipe de Hillary Clinton atacaria incessantemente sua posição. Em uma reunião na manhã seguinte, os principais assessores estavam debatendo como deveria ser a resposta. "Temos a impressão de que vão vir atrás da gente por isso", lembrou Dan Pfeiffer, diretor de comunicação. "E estamos todos no mesmo barco, tentando descobrir como sair dessa, como não falar sobre o assunto."

Obama estava escutando a conversa e, nesse ponto, ele a interrompeu. "Isso é ridículo", lembra-se um funcionário de ouvi-lo dizer. "Fomos ao encontro de Stalin. Fomos a um encontro com Mao. A ideia de que não podemos nos encontrar com Ahmadinejad é ridícula. É nada mais do que sabedoria convencional desse pessoal de Washington que não faz o mínimo sentido. Não devemos nos esquivar desse debate. Devemos enfrentá-lo."

Como uma injeção de adrenalina, sua reação estimulou as tropas. Sem falar mais em fugir do assunto, fizeram um memorando partindo para o ataque – e o resultado revelou aos funcionários jovens e inexperientes que podiam enfrentar a máquina de Hillary Clinton e continuar no controle. Estiveram pisando em ovos, hesitantes em provocar o que Pfeiffer chamou de "centro de comando mais impressionante, impiedoso e implacável do mundo". Agora, "era como se tivéssemos recebido o primeiro soco e continuássemos na luta".

Manter o terreno é uma lição que muitos líderes empresariais precisam aprender. Na maioria das vezes, uma empresa, no fulgor da controvérsia, recua, confusa, abrindo mão de coisa demais, na esperança apavorada de evitar "má publicidade". Certamente, quando se está errado, a melhor coisa a fazer é admitir o erro e repará-lo. Mas, quando é possível argumentar com razão que se está agindo corretamente ou mesmo que se optou pelo menos mal – é muito melhor oferecer uma explicação fundamentada do que retroceder.

Um caso de adulteração de produto na Pepsi oferece uma boa lição sobre como lidar com fraudes ou qualquer outro ataque público injustificado. Há cerca de 15 anos, um cara em Tacoma, Washington, alegou que havia aberto uma lata de Diet Pepsi e achado uma seringa boiando em seu interior. Seguiu-se uma série de alegações parecidas, das quais a maioria foi rapidamente refutada e os infratores, localizados. Mas os líderes da Pepsi não demonstraram medo. Pelo contrário, sabedores de que as alegações eram falsas, não perderam tempo para abordar a situação e mantiveram a ofensiva mesmo quando os acusadores foram desacreditados.

Essa rápida reação surgiu de seu senso de prioridades bem definido: sua primeira preocupação era a pureza do produto e a segurança dos consumidores, um princípio que lhes permitiu partir para a ação sem ter de discutir qual seria sua resposta. Da mesma forma, Barack Obama sabia que a posição era acertada e não perdeu tempo avaliando suas chances ou criticando sua resposta. Em vez disso, disse a seu pessoal que tomasse a ofensiva contra a máquina de Hillary Clinton.

A comunicação com os funcionários, a imprensa e os clientes foi crucial para o gerenciamento da crise da Pepsi. Os líderes da empresa haviam tomado conhecimento do problema de adulteração logo depois de a alegação ter sido feita, quando seu engarrafador franqueado em Seattle foi contatado por uma rede de televisão local. Rapidamente, os líderes da Pepsi alertaram os interessados – o presidente colocava em dia os funcionários todas as manhãs durante a semana da crise e os clientes e engarrafadores eram informados através de um 0800. As pessoas em campo conversavam com os clientes em locais de varejo.

Ficar próximo de todos esses interessados, separar o fato da ficção e manter os clientes leais, tudo isso ajudou a Pepsi a superar a crise. A corporação realmente perdeu milhões de dólares em vendas até que a tempestade amainasse, mas a sorte sorriu para o fabricante de refrigerantes com um verão especialmente quente, que fez as vendas dispararem algumas semanas depois.

A MUDANÇA É O MOTOR DOS NEGÓCIOS, A FORÇA DO CRESCIMENTO E DO PROGRESSO.

Todas as organizações têm de enfrentar uma crise mais cedo ou mais tarde e vale a pena lembrar o modelo que a Pepsi definiu depois de sua semana angustiante:

- Definir claramente as linhas de autoridade.

- Contatar os interessados na ordem apropriada.

- Definir uma pessoa de frente principal e um substituto em cada local da empresa.

- Tomar decisões com base nos fatos, e não em rumores.

- Tomar medidas corretivas, caso necessário, através dos canais apropriados.

- Continuar normalmente as operações cotidianas.

SEJA A MUDANÇA: NUNCA SE ESQUEÇA DO PODER DO TOQUE PESSOAL – A LIÇÃO DO TELEFONEMA DE AGRADECIMENTO DE OBAMA.

Às vezes, a mudança que um líder abraça pode parecer pequena e irrelevante quando, na verdade, brota de uma mudança muito maior na forma de operação da organização.

Alice Jelin Isenberg, consultora de negócios de Boston, colabora há muito tempo com as campanhas presidenciais democratas. Na eleição de 2008, ela se voluntariou para trabalhar no comitê diretivo de Barack Obama na Nova Inglaterra. O que os membros do comitê queriam era direcionar dinheiro para os cofres da campanha.

Isenberg tem motivos de sobra para estar orgulhosa de seus esforços, mas seu momento mais memorável não teve nada a ver com um doador generoso assinando um cheque polpudo. Em vez disso, foi a noite de dezembro de 2007, quando ela atendeu o telefone e ouviu: "Alô, Alice? Quem fala é Barack Obama." Isenberg ficou tão surpresa que momentaneamente pensou em responder: "Tá, e eu sou a rainha da Inglaterra." Mas havia algo reconhecível na voz.

Algumas noites antes, Isenberg havia apresentado Obama para cerca de 300 a 400 pessoas em um evento para captação de fundos no Fenway Park. Enfrentar um público daquele geralmente a deixa nervosa, ela nos contou, mas, naquela noite, a cordialidade de Obama fez com que ela se sentisse à vontade.

"Eu me saí muito bem — pelo menos é o que meu marido diz e ele é muito crítico", sorriu ela.

Aparentemente, Barack Obama concordou com o marido de Isenberg. O candidato estava ligando para agradecer-lhe a "simpática apresentação" no Fenway Park. Em seus muitos anos de trabalho nos bastidores para candidatos políticos, Isenberg disse que nunca antes havia recebido um telefonema como aquele.

Desde o princípio, Barack Obama comprometeu-se em fazer dessa uma campanha diferente de todas as outras e conseguiu mudar o *status quo* da política de maneira que pode parecer pequena, mas que, depois de um exame mais detalhado, acaba se revelando maior do que pareceu a princípio. Agradecer aos voluntários é parte disso e Obama faz questão de, em seus comícios, demonstrar-lhes gratidão, além de saudar os dignitários locais. Como ressalta Isenberg, é preciso uma "organização incrível, uma quantidade imensa de trabalhadores" para telefonar a todos que apresentaram Obama em algum evento. "Não tenho palavras para dizer o quanto aquele telefonema significou para mim."

Mike Abrashoff, capitão da Marinha, autor e palestrante, conhece a importância de dizer "obrigado". Em seu primeiro livro, *Este barco também é seu*, contou como enviou cartas aos pais dos membros da tripulação do destroier de mísseis guiados USS *Benfold*. Ao se colocar na pele desses pais, imaginou como ficariam felizes em ouvir do comandante-em-chefe que seus filhos e filhas estavam se saindo bem. E imaginou que esses pais, por sua vez, ligariam para os filhos para falar-lhes de seu orgulho.

Abrashoff ponderou se deveria ou não mandar uma carta para os pais de um jovem que não era realmente digno de estrelas. Ao avaliar o progresso do marinheiro, ele decidiu seguir em frente. Algumas semanas depois, o marinheiro apareceu na sua porta, com lágrimas no rosto. Parece que o pai do garoto sempre o viu como um fracasso e lhe dissera isso. Após ter lido a carta do capitão, ligou para parabenizar o filho e dizer-lhe o quanto se sentia orgulhoso dele. "Capitão, não sei como posso lhe agradecer", disse o jovem. Pela primeira vez na vida, sentiu-se amado e incentivado pelo pai.

Como diz Abrashoff, "a liderança é a arte de praticar coisas simples – gestos de senso comum que garantem moral alto e aumentam significativamente as chances de vitória". Em outras palavras, pequenas mudanças podem ter grandes consequências.

SEJA A MUDANÇA: OBTENHA INFORMAÇÕES NÃO FILTRADAS – AS LIÇÕES DA ESTRATÉGIA DE COMUNICAÇÃO INTERNA DE OBAMA.

Homens e mulheres subservientes podem representar um deleite aos ouvidos de um líder estressado, mas ouvi-los geralmente leva ao desastre no longo prazo. Para obter os melhores resultados, os líderes precisam garantir que seu pessoal seja realmente aberto a compartilhar ideias e sentimentos. Seja um membro da tripulação de um navio, um engenheiro ou um funcionário da linha de produção, a pessoa que fornece informações ou opinião precisa ter certeza de que, haja o que houver, expressar um ponto de vista não acarretará em penalidade. Se esse tipo de atmosfera estiver em falta em sua empresa, nosso conselho é abraçar e incorporar a mudança ontem, antes mesmo, se for possível. A meta é fazer seus funcionários dizerem como melhorariam as operações de sua empresa e, quanto menos restritos se sentirem, mais você aprenderá e mais sua organização lucrará.

Barack Obama, um defensor ferrenho da confidencialidade das informações de campanha, oferecia segurança e apoio para que seu círculo mais próximo compartilhasse ideias, preocupações e crenças sinceras. As pessoas sabiam que o que dissessem não vazaria para um jornalista nem seria usado de forma vantajosa pelo pessoal de campanha de um adversário. As rixas internas, caso houvesse alguma, eram mantidas em segredo. Ninguém do círculo interno de Obama era repreendido publicamente pelos erros.

Ideias desinibidas também se encontram no âmago do processo criativo. Na HTC, fabricante de celulares sediada em Taiwan, conversas sem restrições são comuns em uma unidade denominada Magic Labs (Laboratório Mágico), o centro de inovações da empresa. Seus 60 "magos" representam um universo de talento, de engenheiros elétricos e mecânicos a designers gráficos e programadores de software. Sua missão é ter ideias rápidas e baratas. A maioria das ideias não tem valor, mas, como recentemente ressaltou a revista *Fast Company*, os líderes da HTC não criticam nem penalizam os criadores. Pelo contrário, aplaudem o esforço. É assim que deve funcionar o processo de inovação da HTC.

SE VOCÊ VIR UMA GRANDE MUDANÇA NO HORIZONTE, SE TIVER CONFIANÇA DE QUE É UM MODO MELHOR DE FAZER NEGÓCIOS, NÃO ANDE, CORRA PARA ABRAÇÁ-LO.

De fato, o Magic Labs foi "talhado para o fracasso", diz John Wang, diretor de marketing da HTC (também conhecido como principal mago da inovação). A unidade, fundada por Wang, é organizada com base em sessões de *brainstorm* em que os membros oferecem até centenas de ideias de novos produtos ou melhorias para os antigos, tudo isso em cerca de uma hora. Muitas dessas sessões ocorrem durante o dia, com os participantes cuspindo ideias e analisando protótipos de conceitos promissores das sessões anteriores. Os protótipos comprovam ou não rapidamente a viabilidade de uma ideia intrigante. Segundo a explicação de Wang, o que é aparentemente uma ótima ideia pode rapidamente ruir quando se toca no protótipo e se vê como funciona.

Praticamente tudo que sai de uma sessão de *brainstorm* é condenado – e é exatamente assim que deveria ser: a HTC não está interessada em gastar dinheiro com ideias ruins. Pode pegar mil ideias para encontrar uma ou duas que sejam realmente campeãs, como o recém-apresentado HTC Dream, a resposta do Google ao iPhone da Apple. Mas do ponto de vista da liderança da HTC, o custo de descartar 999 ideias é mínimo em comparação ao valor produzido pelas poucas que dão certo. O Magic Labs foi feito para falhar com eficiência.

O que nos fascina é a forma como são conduzidas as sessões de *brainstorm*. Para garantir que os membros estejam engajados em pensamento original, o Magic Labs recorre ao que chama de "aprendizado zero". Os conceitualistas colocam de lado o que aprenderam sobre o assunto em pauta e tentam voltar à primeira infância, reagindo a um problema em nível intuitivo. A ideia é pensar como um bebê que ainda não aprendeu muita coisa.

Quando se projetam telefones, as palavras-chave na HTC são simplicidade e usabilidade, atributos que ficaram perdidos no excesso de recursos acrescentados aos celulares nos últimos anos. O Magic Labs queria encontrar uma maneira de facilitar o uso dos telefones, mas não estava obtendo muito êxito. Ao usar como parâmetro um bebê, os participantes do *brainstorm* tinham de se esquecer dos detalhes mecânicos e pensar como as crianças interagem intuitivamente com um objeto. Não querem ler manuais nem apertar botões para cima e para baixo. Seu instinto é esticar a mão e tocar o objeto. Dessa sacação, surgiu o HTC Dream, com seu cubo tridimensional que se vira com o dedo para passar de um programa a outro.

Os líderes da HTC dão a cada ideia – por mais maluca que seja – atenção total e respeitosa. Como resultado, a empresa surgiu como um dos principais fabricantes de celulares.

Embora tenhamos ressaltado como você deve ouvir seus funcionários, outras pessoas na vida empresarial também merecem sua atenção. Seus clientes, por exemplo. Para Barack Obama, seus clientes são os americanos, tanto os que o elegeram quanto aqueles que tiveram outra opção. Durante a campanha, usou seu site para pedir a opinião de seus clientes – e ele tem planos de manter essa e outras linhas abertas após passar a residir na Casa Branca.

O conselho de Anne Sellers, "ouça primeiro e depois fale", funciona muito bem para empresas e candidatos. Ela é diretora principal e dona majoritária da Sensory Technologies, uma empresa de US$20 milhões sediada em Indianápolis, Indiana, que oferece todo o tipo de serviço audiovisual – de projetos de sistemas de videoconferência à transmissão e distribuição de Internet. Quando retratada no Smart Business Indianapolis, Sellers disse que os funcionários de linha de frente são "as pessoas que lidam com o grosso de seu negócio, veem as tendências, percebem o humor de seus clientes, sabem se estamos ganhando ou perdendo dinheiro. Você precisa confiar neles". Só depois que você sabe o que eles consideram importante e o que está impedindo seu trabalho é que pode agir para solucionar os problemas.

Sellers diz que ouve melhor quando visita os clientes e funcionários assim que um grande projeto está desacelerando. "Primeiro, passa-se algum tempo com os clientes e ouve-se em primeira mão seu grau de satisfação", explica ela. "Mas, sobretudo, os funcionários têm a chance de mostrar seu trabalho e você tem a chance de orgulhar-se desse funcionário. Depois, ouve como foram as coisas, quais são os desafios, como tudo pode ser melhorado, o que demanda sua atenção no futuro."

"OUÇA PRIMEIRO E DEPOIS FALE."

Anne Sellers é um bom exemplo de líder que entende que nada substitui sair do escritório e ouvir os funcionários em campo e os clientes que eles atendem. Larry Bossidy, diretor-executivo aposentado da Honeywell e ainda uma lenda, é outro. Como, certa vez, Bossidy lembrou: "Não cometa o erro de pensar que pode liderar com os pés em cima da mesa."

Como presidente, Barack Obama provavelmente se verá isolado da conversa direta que desejou durante a campanha. Resta-nos ver se o presidente Obama será capaz de continuar oferecendo proteção aos sinceros, dado o aparato sabidamente vazado do Capitólio. O gotejamento constante de informações não autorizadas durante o processo de seleção de gabinete não é um bom prenúncio do futuro. Uma coisa é um pequeno grupo de assessores de campanha evitar a divulgação de informações confidenciais. Mas mesmo a operação de campanha mais à prova de vazamento seria desafiada pela infusão de uma quantidade enorme de funcionários congressionais que compartilham informações importantes mas sem o grau de lealdade que Obama passou a esperar de seus assessores mais próximos.

Entretanto, ainda podemos ter esperança de que, com seu instinto e compromisso com a mudança, o presidente Obama encontre uma maneira de fechar os vazamentos e reformar uma cultura de Washington que coloca o líder do mundo livre em desvantagem em se tratando do acesso a informações não filtradas.

SEJA A MUDANÇA: COMPARTILHE SUA VISÃO DO FUTURO – AS LIÇÕES DAS CARTAS DE OBAMA AOS FUNCIONÁRIOS FEDERAIS.

Algumas semanas antes das eleições, Barack Obama escreveu um conjunto notável de cartas para funcionários de sete órgãos federais. Cada uma das cartas foi talhada para atender as preocupações de um dado órgão e cada uma delas comunicava sua visão do futuro de uma forma calculada para inspirar e energizar o destinatário em seu nome.

Nas cartas, o candidato abordava o assunto de um descontentamento amplo, oferecendo críticas contundentes em relação à administração Bush. Além disso, descreveu sua posição sobre dezenas de questões em detalhes mais precisos do que fizera durante a campanha e esboçou um plano do que queria realizar no governo e no país.

John Gage, presidente da American Federation of Government Employees (Federação Americana dos Funcionários Federais), de 600 mil membros, sugerira que Obama escrevesse as cartas, e o sindicato as distribuiu. "Pedi que colocasse no papel algo que pudesse usar com os membros da federação", disse Gage ao *The Washington Post*, "e ele não fugiu da raia. O fato de que está disposto a colocar seu nome é um bom sinal".

A carta para os funcionários do Departamento de Trabalho, por exemplo, declarava que os designados de Bush haviam frustrado os esforços para manter a segurança dos funcionários, principalmente dos mineiros, uma das principais missões do órgão. "Nosso programa de segurança de minas terá a equipe... necessária para realizar a tarefa", prometeu Obama. Ele também apresentou uma lista de programas que desejava que o departamento monitorasse: "Acredito que está na hora de deixarmos de falar em valores da família e começarmos a buscar políticas que realmente valorizem as famílias, como licença remunerada, cronogramas de trabalho flexíveis e telecomutação, com o governo federal servindo de exemplo."

Em suas cartas para os funcionários do Departamento de Habitação e Desenvolvimento Urbano, Obama prometeu impedir as ações da administração Bush para cortar a folha de pagamento do órgão enquanto subcontratava construtores terceirizados para algumas de suas tarefas. Também escreveu que "o Departamento de Habitação e Desenvolvimento Urbano deve ser parte da solução" para a crise habitacional, oferecendo a perspectiva de um papel novo e importante para um órgão que vem sendo marginalizado nos últimos anos.

Segundo a opinião geral, as cartas sensibilizaram os destinatários, inspirando muitos a apoiar Obama e contribuir para sua eleição. Ao falar diretamente sobre as questões particulares dos vários departamentos e dividir suas metas para o futuro, ele estimulou os funcionários a agirem em seu interesse.

Essa mesma abordagem levou mais de um milhão de pessoas de todas as profissões a ingressar na campanha de Obama como voluntárias. Caminhamos com uma delas, Dorothy Terrell, de 63 anos, residente em Boston, Massachusetts. Atualmente, é sócia de risco da First Light Capital e antes trabalhou na Digital Equipment Corporation, Sun Microsystems (como presidente da SunExpress, uma empresa operacional) e NMS Communications. Faz parte da diretoria da General Mills, Herman Miller e Endeca Technologies. Estava profundamente incomodada com as políticas da administração Bush e, com o iminente fim das primárias, temia "o que eu via surgindo no horizonte".

As ideias e a pauta de Obama abordavam esses temores e Terrell inscreveu-se para participar da campanha do início ao fim. Ela ingressou no comitê diretivo da Nova Inglaterra desde a sua criação, em fevereiro de 2007 e, durante quase 22 meses, viveu sua campanha.

"Para as pessoas que conheço e as que encontrei no meio do caminho", lembra-se, "é uma época de desespero que demanda medidas desesperadas. Acho que concordar é uma medida desesperada para um grupo de pessoas tradicionalmente rebeldes".

Durante as primárias, Terrell foi para a Carolina do Sul, onde passou os dias ligando para pessoas já identificadas como eleitores de Obama para garantir que sabiam onde estavam os postos de votação e lembrando-as de votar. Também foi para San Antonio a fim de ajudar um amigo a formar o grupo Texas Women for Obama (Mulheres texanas apoiam Obama). Na Virgínia, durante a eleição geral, ajudou a "limpar as listas" – peneirar os eleitores que definitivamente não votariam em Obama. Isso evitou que a campanha gastasse quantias imensas de dinheiro e tempo.

Em todos os cantos aonde foi, segundo Terrell, havia massas de voluntários, locais e de fora do estado (até mesmo internacionais), qualificados e não qualificados, todos "prontos para fazer o necessário para que desse certo". Em Richmond, apareceu um homem em uma cadeira de rodas: "Ele não enxergava muito bem e não podia usar o sistema telefônico que retornava ao tom de discagem se você não discasse com a rapidez necessária. Não houve alarde. Encontraram uma lente de aumento e um telefone que pudesse controlar, e ele se pôs a trabalhar. Era como se ele tivesse entrado andando, nada significativo, mas fiquei orgulhosa."

Em qualquer parte aonde fosse, Terrell usava um broche e/ou pulseira de Obama. "Influenciei muita gente agindo assim", diz ela. Foi o que aconteceu em um almoço de negócios com uma mulher em Nova York. Quando ela viu o broche, disse que era eternamente grata a Obama, pois ele e sua mensagem haviam inspirado seu filho em idade universitária, que "nunca se interessara por nada", a tornar-se ativamente comprometido com a campanha. A mulher deu a Terrell um cheque de US$2.300.

"Recebi dinheiro de gente que mal conhecia", lembra-se Terrell, "e todos contavam histórias sobre nunca ter dado um cheque para uma campanha política antes, mas que dessa vez sentiam que era diferente".

Perguntamos a Terrell qual foi o ponto alto de sua experiência – foi a noite da eleição? "Provavelmente", retrucou ela, "mas eu estava anestesiada. Havia trabalhado nos postos de votação como escrutinadora de 6h30 até 20h. Nada de festa para mim – fui direto para casa e despenquei. Acho que, para mim, o ponto alto pra valer foi o trabalho e as pessoas. Houve tanta alma boa!". E, no final, o que ficou com ela foi que tantos tipos diferentes de pessoas – diferentes em idade, sexo, raça e classe social – tinham dado as mãos em resposta à mensagem de Obama.

Uma mensagem que une as pessoas, que transmite suas maiores esperanças e dá a seu trabalho um sentido maior de importância é um poderoso motivador. Fred Smith, o homem que fundou um serviço de entregas de encomendas e o transformou no gigante global FedEx, tem transmitido essa mensagem no decorrer dos anos.

"Não quero que meus funcionários pensem na quantidade mínima de esforço que dedicaram para não ser demitidos", disse ele à revista *Fortune*. "Quero que pensem no melhor que podem fazer se todos estivessem dando 100% de seu esforço." Para ele, a chave para obter esse esforço é convencer os funcionários de que seus trabalhos têm significado e propósito. "Repetimos para nossos funcionários o que sempre lhes dissemos", falou Smith. "Você está entregando o comércio mais importante da história do mundo. Não está entregando areia e pedras. Está entregando o marca-passo de alguém, o tratamento quimioterápico para câncer, a peça que faz os F-18 voarem ou o documento que decide a demanda judicial."

Essa é uma lição que, na maioria das vezes, os empresários negligenciam. Todos nós – e isso inclui seus funcionários – precisamos ouvir mensagens que confirmem nosso valor e nos deem o ímpeto de nos esforçar para melhorar. A comunicação dessas mensagens, o compartilhamento da visão da empresa do presente e do futuro, tudo isso deveria estar nos primeiros lugares da pauta de todos os líderes empresariais.

SEJA A MUDANÇA: ESQUEÇA AS ESCARAMUÇAS, FORTALEÇA A EQUIPE – AS LIÇÕES DA TRANSIÇÃO.

Os maiores líderes – seja nos negócios, na política ou na área militar – estão dispostos a dividir o poder e o prestígio a fim de obter os resultados de que seu empreendimento mais precisa. George Marshall sabia que não era o homem certo para comandar o front europeu e recomendou Dwight Eisenhower ao cargo. Abraham Lincoln convidou seus adversários mais prestigiosos para fazer parte de seu gabinete na Guerra Civil, sabedor de que precisava dos melhores homens disponíveis para salvar a União. Os dois líderes não tiveram problema algum em abraçar as mudanças que seus parceiros escolhidos certamente proporiam, pois sabiam que o país que amavam tão profundamente se beneficiaria das novas ideias e formas de ação.

E há também Indra Nooyi, uma líder empresarial que é farinha do mesmo saco que Marshall e Lincoln. Em 2006, quando soube que vencera a disputa para se tornar diretora-executiva da PepsiCo, a primeira coisa que fez, de acordo com a revista *Fortune*, foi pegar um avião para Cape Cod, onde seu principal adversário passava as férias, para implorar que não saísse da empresa. A maioria dos novos chefes minimizaria o pedido de demissão de um adversário. Alguns até o receberiam com prazer ou mesmo dariam um empurrão. Mas a indiana Nooyi e Mike White haviam sido amigos e estrelas em ascensão na PepsiCo durante anos. Ela sabia que ele era o melhor cara de operações da empresa, um importante conselheiro e alguém que seria indispensável em uma crise. "Ele poderia ter sido diretor-executivo tranquilamente", explicou ela; por que deveria prescindir desse tipo de talento?

Portanto, na praia em Cape Cod, ela disse: "Diga-me o que preciso fazer para mantê-lo e eu o farei." E, quando White concordou em ficar, ela pediu à diretoria para aumentar sua compensação quase tanto quanto seu próprio pacote de US$7,1 milhões. Em reuniões importantes, ele se senta sempre à sua direita. "Trato Mike como se fosse meu sócio", diz ela. E, sem sombra de dúvida, esse arranjo é o melhor possível para os resultados da PepsiCo – e, no final das contas, para Indra Nooyi também.

Barack Obama seguiu o exemplo de Nooyi ao escolher Hillary Clinton como sua secretária de Estado, prometendo-lhe acesso direto a ele e permitindo que escolhesse a própria equipe. Foi um ato de suprema autoconfiança e proporcionou à administração de Obama um intelecto de primeira linha e uma emissária global conhecidíssima, cujas credenciais lhe renderão recepção respeitosa nas capitais mundiais.

Obama recorreu a ela para formar uma parceria com base no respeito mútuo e no interesse próprio. Na verdade, a reconciliação entre dois adversários duros teve início na convenção de Denver em agosto, quando Hillary Clinton descartou as inimizades da campanha primária, deu sua aprovação ardente ao candidato democrata e continuou a fazer campanha para ele com entusiasmo nos meses que se seguiram até o dia das eleições, 4 de novembro de 2008.

Esses dois colegas não eram tão estranhos como de início deram a parecer. Muitas vezes, campanhas primárias rivais fazem os candidatos distanciarem suas políticas bastante semelhantes. Como no caso de Obama e Hillary Clinton, no final da batalha, quando as tradicionais órbitas do partido exercem sua força gravitacional, o hiato diminui.

De qualquer forma, a importância de relações pessoais exaltadas entre os presidentes e seus secretários de Estado, à la George H. W. Bush e James Baker, talvez não seja absolutamente tudo que dizem que é. Veja o histórico de George W. Bush e Condoleezza Rice. Sua amizade antiga e genuína não se traduziu em importantes feitos de política externa.

Na política, assim como nos negócios, deixar de lado inimizades pessoais e conter os instintos competitivos a fim de fazer o que é melhor para o país é o tipo de mudança que pode virar sua empresa e colocá-la novamente lá em cima.

SEJA A MUDANÇA: VEJA A SI MESMO COM CLAREZA – AS LIÇÕES DOS DEBATES.

Falar é prata; mudar é ouro – principalmente quando a mudança mais necessária começa com você, a mulher ou o homem cujo nome aparece no alto do organograma.

Barack Obama foi justamente elogiado por sua oratória, seus instintos políticos e pela qualidade tanto dos conselheiros que escolheu quanto da campanha que dirigiu. Mas, como candidato, talvez sua maior vantagem seja a capacidade de avaliar o próprio desempenho e seus pontos fortes e fracos. Para alguns de seus assessores, a autoavaliação de Obama parecia incomum, praticamente inumana, como se estivesse julgando outra pessoa – e nem sempre alguém de quem gostasse em especial.

A melhor demonstração desse talento foi a preparação de Obama para os debates da campanha. Após uma rixa inicial com Hillary Clinton sobre saúde, Obama disse a seu estrategista, David Axelrod, que ela ganhara e que ele teria de se sair melhor.

Contudo, no auge da campanha, em agosto, Obama ainda estava aprendendo. Foi especialmente crítico com relação a seu desempenho contra McCain em um pseudodebate no qual o evangélico Rick Warren entrevistou os candidatos um depois do outro, fazendo-lhes o mesmo bloco de perguntas. Os especialistas julgaram que as respostas breves e incisivas de McCain haviam sido melhores do que as divagações professorais de Obama, com o que este concordou. Portanto, ele se preparou para três debates formais, no prazo de três semanas, terminando em meados de outubro, como um jogador de futebol americano que se prepara para a final do campeonato.

Obama memorizou incansavelmente, absorvendo detalhes sobre tudo, do produto interno bruto ao orçamento federal, passando pelos segredos dos novos sistemas de armas. Cada fato era uma bala que poria fim ao boato de que não sabia o suficiente para ser presidente. Mas Obama e seus conselheiros sabiam que a impressão geral dos eleitores seria a chave para o sucesso nos debates. Obama, confrontado com o veterano John McCain, com seu histórico de heroísmo pessoal e longa experiência no Senado, teve de evitar os ataques pessoais e mostrar-se calmo, competente e no controle da situação – em suma, presidencial.

No fim do primeiro semestre e início do segundo, o candidato democrata e sua equipe ensaiaram repetidamente para o primeiro debate, usando um cenário em Clearwater, na Flórida, que era uma réplica exata do local do debate na University of Mississippi. O papel de McCain foi desempenhado por Gregory Craig, um excepcional advogado de tribunal de Washington, uma das primeiras pessoas a pedir que Obama se candidatasse a presidente.

Craig, um refinado interrogador, podia ser duro e seu McCain foi um comandante severo, porém condescendente com o neófito, segundo a descrição da revista *Newsweek*. "Não me venha ensinar sobre a guerra", rosnou para Obama em um ensaio. "Não me diga como posicionar os homens em combate. Eu estava pilotando um jato sobre o Vietnã quando você estava no ensino fundamental." Como resposta, Obama foi respeitoso, mas não se mostrou intimidado; praticou um contra-ataque que começou assim: "Você estava equivocado com relação ao Iraque" e continuou com uma ladainha de outros erros de julgamento de McCain. Se McCain fosse criticar a disposição de Obama de encontrar-se com homens como o cubano Fidel Castro e o iraniano Mahmoud Ahmadinejad, Obama estava preparado para responder que McCain chegara até mesmo a recusar a encontrar-se com o presidente da Espanha e que dissera certa vez que seria suficientemente bom para "safar-se" no Afeganistão.

O tempo todo, Barack Obama permaneceu equilibrado e autoconsciente, habitando confortavelmente a própria persona. "Estou um pouco cansado e um pouco irritado", disse ele a certa altura. "Vou para meu quarto por meia hora e depois estarei em melhores condições para trabalhar." Como dois em dois são cinco, em 30 minutos ele apareceu pronto para trabalhar.

O senso de ironia de Obama nunca o abandonou, principalmente quando teve de assumir o ar apropriado de indignação dramática em relação a uma das loucuras de McCain. Ele irrompeu em uma risada quando se ouviu entoando firmemente: "Você nem ao menos queria falar com o presidente da Espanha!" E, independentemente do que acontecesse, continuava impassível e um pouco distanciado. Certa vez, quando um problema na energia fez as lâmpadas piscarem como luzes estroboscópicas em uma boate dos anos 70, Obama manteve sua posição no pódio, cantarolando suavemente. A música era "Disco Inferno".

FALAR É PRATA; MUDAR É OURO.

Em pelo menos um dos ensaios, Obama ficou aborrecido com o ataque de Craig. Mas, quando viu o vídeo, percebeu que parecia petulante e fútil. Demonstrar raiva era contraproducente e ele disse a si mesmo que não haveria gritos nem interrupções no debate com McCain. Michael Sheehan, que lhe ensinou técnicas de debate, estabeleceu como meta que McCain deveria se parecer com o Sr. Wilson, o vizinho mal-humorado que estava sempre gritando com Denis, o Pimentinha, o moleque dos quadrinhos.

Os líderes empresariais devem absorver duas mensagens da meticulosa preparação de Obama para os debates. A primeira e mais óbvia é ser implacável em avaliar o próprio desempenho, com todas as suas virtudes e falhas. Na história dos negócios, abundam os fiascos de homens e mulheres que tiveram a ilusão de achar que poderiam livrar-se de situações críticas. Basta mencionar as recentes audiências no Congresso sobre uma ajuda financeira para a indústria automobilística, quando os diretores das três grandes fabricantes de carros fracassaram solenemente ao justificar suas posições.

A lição número dois que surge dos ensaios para o debate de Obama é o valor da preparação e da prática. Os programas de treinamento e desenvolvimento de pessoal são dispendiosos e demandam tempo, mas oferecem grandes dividendos. A General Electric e a Motorola, por exemplo, criaram suas famosas equipes de gerenciamento profundo por intermédio de dispendiosos programas de desenvolvimento de pessoal. E os novos funcionários da The Container Store recebem, em média, 241 horas de treinamento — mais do que seis semanas integrais — distribuídas em seu primeiro ano. Aparentemente, isso dá certo: a The Container Store tem, em média, vendas de US$4 mil por m², *versus* apenas US$1.250 do restante do setor de utilidades domésticas. E, durante oito anos seguidos, a empresa tem encabeçado a lista da revista *Fortune* das 100 melhores empresas para se trabalhar.

A prática compensou para Obama também. Ele não ganhou todos os pontos em seus três debates com John McCain, mas esteve equilibrado e sereno. E, embora McCain nunca tenha se saído como o "Sr. Wilson", seu desempenho foi inconstante e ocasionalmente desgastado. Principalmente no segundo encontro, "aberto ao público", Obama sentou-se calmamente em seu banquinho enquanto McCain marchava pelo palco, repetindo a frase "meus amigos" até que parecesse um tique verbal. E, após o terceiro debate, com as invocações repetidas e cada vez mais forçadas de McCain de "Joe, o encanador", ficou claro que Obama foi quem, dos dois candidatos, saiu da série mais presidencial.

Sem os ensaios intensivos por um candidato cujo incansável escrutínio de si mesmo nunca enfraquece, o resultado teria sido diferente. Mas não se trata só da capacidade de Obama de reconhecer a necessidade de mudar seu comportamento que conta; é ter autoconfiança e determinação para prosseguir até alcançar sua meta.

Em 2007, quando Barack Obama era o nome estranho de um político pouco conhecido de Chicago, "mudança" era um clichê de campanha, longe do grito de batalha pulsante e vibrante necessário para eleger o próximo líder do mundo livre. O fato de Obama ter revivido a palavra, dando nova vida às sete letras mortas, é um de seus feitos impressionantes, embora menos percebidos. Apenas um gênio pode transformar a mudança insípida e sem sentido em uma "MUDANÇA!" real, concreta.

A beleza da transmutação de Obama é que ela ensina novamente o valor da mudança como a essência da vida, renovando para milhões o poder de receber uma nova ordem, em vez de serem atemorizados por ela. Essa perspectiva, reminiscente dos Estados Unidos expansionistas, é necessária principalmente no atual mundo empresarial atormentado, assustado pela recessão e por direções ambíguas com relação à segurança. O *status quo* é uma armadilha mortal. Fuja dele imediatamente. Abrace a mudança com espírito de audácia, confiança e realismo. Mete bronca, *agora*.

LIÇÕES

- Confronte a realidade e contextualize os problemas.

- Quando estiver em terra firme, não recue.

- Nunca se esqueça do poder do toque pessoal.

- Obtenha informações não filtradas.

- Compartilhe sua visão do futuro.

- Esqueça as escaramuças, fortaleça a equipe.

- Veja a si mesmo com clareza.

A ELEIÇÃO DE BARACK OBAMA PARA PRESIDENTE DOS ESTADOS UNIDOS É CERTAMENTE UMA DAS HISTÓRIAS MENOS PROVÁVEIS DE NOSSA ÉPOCA E O DESDOBRAMENTO DE SEUS SIGNIFICADOS E CONSEQUÊNCIAS PERDURARÁ POR DÉCADAS. MAS TODOS OS LÍDERES EMPRESARIAIS TÊM MUITO A APRENDER COM O MODO COMO OBAMA CONQUISTOU A VITÓRIA, E ESSAS LIÇÕES JÁ ESTÃO CLARAS PARA TODOS QUE DESEJEM LÊ-LAS.

Epílogo

EPÍLOGO

Esperamos que todos os nossos leitores, com suas empresas, lucrem com essas lições. E esperamos que nossa conversa não se acabe com este livro. Nos próximos meses, teremos mais a dizer – e esperamos saber mais de você em nosso site barackinc. com.

Nem todos são abençoados geneticamente com a notável serenidade e o temperamento racional que ajudaram Obama a manter a calma e a coerência durante a maratona da campanha. Mas os psicólogos mostraram que podemos nos disciplinar para controlar as emoções fortes, ignorar as distrações irrelevantes e manter o foco nas questões que realmente importam. Você também pode conseguir isso.

Superficialmente, pareceria mais fácil imitar a segunda grande estratégia de Obama – o uso das tecnologias sociais para criar a vasta comunidade nacional de doadores, simpatizantes, voluntários e pessoal de campanha em tempo integral que o levaram à vitória. Mas muitos líderes empresariais ainda não se sentem à vontade com os amplos alcances da Internet e ainda não começaram a contemplar o uso de blogs, vídeos virais, mensagens de texto e redes de celulares, essenciais para formar uma comunidade que possa alimentar uma empresa. Esperamos que este livro apresente as tecnologias sociais, comece a explicá-las e estimule seu uso.

A última estratégia de Obama – basear sua campanha na mudança – talvez seja a mais difícil de todas, pois exige adaptar-se ao mundo dos negócios, mas também é a mais crucial. A mudança é eterna; a mudança é a oportunidade de negócios; a mudança é a vida em si. Lidar com ela implica aceitar a mudança não como um slogan superficial, mas como uma nova ordem que transforma o mundo e um processo contínuo. Requer que se confrontem novas realidades sem ilusão e se avaliem as próprias forças e deficiências com um olhar inflexível. E se você quiser ter sucesso, terá de se transformar na mudança que procura – abraçar e incorporar a mudança de forma tão convincente que seu pessoal – como os eleitores de Obama – vai querer acompanhá-lo no processo de mudar o mundo.

Se parece uma tarefa de vulto, lembre-se de que Barack Obama ganhou a corrida. E o prêmio é tão válido para você quanto para ele. Assim como sua visão e recompensa podem ser o governo para todos os americanos, você pode criar uma empresa que ressalte o que realmente importa – toda a comunidade que ela envolve. Sua empresa será do povo, pelo povo e para o povo.

Venha, vamos mudar o mundo.

"President 2.0: Obama harnessed the grass-roots power of the Web to get elected. How will he use that power now?" Daniel Lyons and Daniel Stone, *Newsweek*, 1º de dezembro de 2008.

"Apple: The Genius Behind Steve", Adam Lashinsky, Michal Lev-Ram, and Mina Kimes, *Fortune*, 24 de novembro de 2008, p. 70.

"Obama's Lincoln", Evan Thomas and Richard Wolffe, *Newsweek*, 24 de novembro de 2008.

"Obama Team Anything but Shy and Retiring", Helene Cooper, *The New York Times*, 18 de novembro de 2008.

"Battle Plans, How Obama Won", Ryan Lizza, *The New Yorker* (on-line), 17 de novembro de 2008.

"Center Stage", Evan Thomas, *Newsweek*, 17 de novembro de 2008.

"Going Into Battle", Evan Thomas, *Newsweek*, 17 de novembro de 2008.

"Hey, Mr. President-Elect, Got a Minute... Or 10?" Howard Fineman, *Newsweek*, 17 de novembro de 2008.

REFERÊNCIAS

"How He Did It", Evan Thomas, *Newsweek*, 17 de novembro de 2008.

"Improvising to Create An Unlikely Success Story", Pete Thamel, *The New York Times*, 17 de novembro de 2008.

"Obama and the Risk of Disillusioned Fans", Peter Baker, *International Herald Tribune*, 17 de novembro de 2008.

"Obama Wrote Federal Staffers About His Goals…", Carol D. Leonnig, *The Washington Post*, 17 de novembro de 2008, p. A.1.

"The Age of Obama", Jon Meacham, *Newsweek*, 17 de novembro de 2008.

"The Final Days", Evan Thomas, *Newsweek*, 17 de novembro de 2008.

"The Great Debates", Evan Thomas, *Newsweek*, 17 de novembro de 2008.

"This Social Network Is Up and Running", Jay Greene, *BusinessWeek*, 17 de novembro de 2008, p. 74-76.

"Bosses checking up on workers via Facebook: Profiles full of wild party pics…", Kirsten Valle, *McClatchy-Tribune Business News*, 16 de novembro de 2008.

"Racy and negative ads found to be ineffective", *Richmond Times-Dispatch*, 16 de novembro de 2008, p. E.2.

"The Election Lives", Gail Collins, *The New York Times*, 13 de novembro de 2008, p. A.37.

"Born to Hand Jive", Josh Quittner, *Time*, Special Issue/The Choice, 10 de novembro de 2008, p. 109.

"Visa uses Facebook network to reach small businesses", Kate Maddox, *B to B*, 10 de novembro de 2008, Vol. 93, Iss. 16, p. 29.

"Inner Circle: Obama's Closely Knit Group Offered Comfort, Advice in Campanha", Peter Nicholas, *South Florida Sun–Sentinel*, 9 de novembro de 2008, p. A.1.

"The Obama story: The improbable journey", Jonathan Freedland, *The Guardian*, 6 de novembro de 2008, p. 2.

"The Vote: A Victory for Social Media, Too", Arik Hesseldahl, Douglas MacMillan, and Olga Kharif, *BusinessWeek* (on-line), 6 de novembro de 2008.

"Near-Flawless Run from Start to Finish Is Credited in Victory", Adam Nagourney, Jim Rutenberg, and Jeff Zeleny, *The New York Times*, 5 de novembro de 2008, p. P.1.

"Dueling Brands Pick Up Where Políticos Leave Off", Stuart Elliott, *The New York Times*, 4 de novembro de 2008, p. B.3.

"The Politics of Web Strategy", Alwin A.D. Jones, *Black Enterprise*, novembro de 2008, p. 54-55.

REFERÊNCIAS

"Social Misfits", Caroline Waxler, *Fast Company*, novembro de 2008, p. 160.

"Long by Obama's Side, an Adviser Fills a Role That Exceeds His Title", Jeff Zeleny, *The New York Times*, 27 de outubro de 2008, p. A.19.

"Passions: Ryan Black, CEO of Sambazon", Jess McCuan, *Inc.*, outubro de 2008.

"Obama's earnest army; The ground campanha", *The Economist*, 25 de outubro de 2008.

"How Innovation Led HTC to the Dream", Kermit Pattison, *Fast Company*, setembro de 2008.

"David Axelrod: Can the 'Axe' cut it...", Tim Shipman, *The Sunday Telegraph*, 24 de agosto de 2008, p. 22.

"HASBRO Learns to Spell B-O-T-C-H", Christopher Palmeri and Nandini Lakshman, *BusinessWeek*, 18 de agosto de 2008, p. 34.

"The Reader Comment Conundrum", *BusinessWeek* (on-line), 12 de junho de 2008.

"Smart Leaders: Anne Sellers", Erik Cassano, *Smart Business Indianapolis*, junho de 2008.

"Getting Engaged: Advertisers Search for Their Voices on YouTube", *Knowledge@Wharton*, 2 de abril de 2008.

"The Pepsi Challenge", Betsy Morris, *Fortune*, 19 de fevereiro de 2008.

"'Motherhood' Returns with Expanded Platform", Shahnaz Mahmud, *Adweek30*, 10 de fevereiro de 2008.

"BW's Businessperson of the Year", *BusinessWeek* (on-line), Louise Lee, 3 de janeiro de 2008, p. 1.

"Obama Finds His Address", *The Washington Post*, David Broder, 23 de dezembro de 2007.

"Social Marketing: How Companies Are Generating Value from Customer Input", *Knowledge@Wharton*, dezembro de 2007.

"Star Student Marc Boom", *Modern Healthcare*, 17 de setembro de 2007.

"In Praise of Selflessness: Why the Best Leaders Are Servants", Leigh Buchanan, *Inc.*, maio de 2007.

"Spot the link between a gorilla and chocolate", Alex Benady, *The Independent*, 14 de maio de 2007.

"The Corner Deli That Dared to Break Out of the Neighborhood", Micheline Maynard, *The New York Times*, 3 de maio de 2007, p. C.1.

"Managing a Crisis", *CropLife*, Eric Sfiligoj, abril de 2007, p. 4.

REFERÊNCIAS

"In Defense of the Boss from Hell", Jeffrey Pfeffer, *Business 2.0*, março de arch 2007, p. 70.

"Ad-Agency Chief Hammers Out a Sideline as Blacksmith", Patricia Riedman, *Advertising Age*, 11 de setembro de 2006, p. 36.

A audácia de esperança, Barack Obama, Larousse do Brasil, 2007.

A origem dos meus sonhos, Barack Obama, Gente, 2008.

"Detroit Free Press Small Business column", *Knight Ridder Tribune Business News*, Carol, 31 de janeiro de 2005.

Este barco também é seu, Mike Abrashoff, Cultrix, 2006.

"How I Delivered the Goods", Fred Smith, *Fortune*, outubro de 2002.

"Punching out a hoax", Nancy Arnott, *Sales and Marketing Management*, outubro de 1993, p. 12.

"How Obama Manages", Jia Lynn Yang, *Fortune*, 7 de julho de 2008, p. 74.

Change.gov

CNN.com

Digg.com

LinkedIn.com

My.BarackObama.com

MySpace.com

Nikeplus.com

SecondLife.com

Sribd.com

Twitter.com

Facebook.com

YouTube.com

A audácia da esperança (Obama), 47
A Glass and a Half Full Productions, 88
A origem de meus sonhos (Obama), 16
Abrashoff, Michael, 111
adaptação ao momento, 37-43
Ahmadinejad, Mahmoud, 129
AIG, 103-104
alfinetadas, como evitar, 80-86
Almanaque do pobre Ricardo, 12
AOL (America Online), 30
aplicativo 08 para iPhone de Obama, 53, 93
aprendizado zero, 115
Association of National Advertisers, 73
Ato dos Registros Presidenciais, 91
autoavaliação, 127-129
avaliações póstumas, 25-26
Axelrod, David, 55, 127
    reação à escolha de Sarah Palin, 21
    reação inicial aos clipes de Jeremiah Wright, 100
    sobre a reação de Barack Obama à crise financeira, 18

ÍNDICE

Baker, James, 126
barackinc.com, 135
Bennett, Henry, 16
Berger, Jonah, 59
Bernanke, Ben, 17
Best Buy, 85
bibliografia, 138-144
Biden, Joe, 42
Black, Ryan, 36-37
Boom, Marc, 23
Bossidy, Larry, 117
Broder, David, 39-40
Buffett, Warren, 45
Bush, George H. W., 126
Bush, George W., 126

Cadbury Schweppes, 88-90
calma como uma qualidade de liderança. *Vide* ficar calmo
calma. *Vide* ficar calmo
campaignforrealbeauty.com, 59
captação de fundos, 28
Carolina do Sul, gafe (Obama), 34-36
Carson, Jon, 32
cartas aos funcionários federais, 118-119
Carville, James, 22
Castro, Fidel, 129
Change.gov, 68-73
Clinton, Bill, 22

Clinton, Hillary, 11
   apoio dos líderes do partido, 56
   campanha primária de Obama contra, 28-29
   comícios e reuniões em prefeituras de, 48
   discordância com Obama sobre política externa, 105-106
   nomeação para secretária de Estado, 48, 125
   press release sobre Hillary Clinton (senadora democrata do Punjab), 80-82
Coca-Cola Company, presença no Facebook, 74
Collins, Phil, 89
Comcast, uso do Twitter, 74-76
Comitê diretivo da Nova Inglaterra (campanha de Obama), 78-79, 110
   como agradecer aos voluntários, 111
   como compartilhar a visão do futuro, 118-124
   como concentrar-se no que é importante, 20-24
   como considerar os problemas em contexto, 99-104
   como controlar as emoções. *Vide* ficar calmo
   como cultivar comunidade de base, 55-62
   como cultivar redes sociais, 73-80
   como esquecer
      a culpa, 25-26
      as escaramuças, 124-126
   como evitar alfinetadas, 80-86
   como extravasar a frustração, 34-37
   como fomentar listas de simpatizantes, 68-73
   como fortalecer a equipe, 124-126
   como incorporar a mudança. *Vide* mudança, como incorporar
   como liberar a frustração, 34-37

comunidade de base, como cultivar, 55-62
comunidades, como criar, 62-68
conversa franca, como buscar, 112-118
Craig, Gregory, 128
crise financeira, reação de Barack Obama à, 17
CRM (gestão de relacionamento com clientes), como transformar em relacionamento gerenciado pelo cliente, 86-90
culpa, como esquecer a, 25-26

Daschle, Tom, 28, 70
Delta Airlines, 85
Departamento de Habitação e Desenvolvimento Urbano, cartas de Obama aos funcionários do, 120
Departamento de Trabalho, cartas de Obama aos funcionários do, 119
desacordos, como esquecer, 124-126
destruição criativa, 98
Digg.com, 78
discurso de vitória (Obama), 43
discurso sobre a questão racial (Obama), 99-103
disfunção social corporativa (DSC), 54
Dove, campanha pela real beleza, 59
Dr. Spock, 15
DSC (disfunção social corporativa), 54
Dunkin' Donuts, 82
dunkinbeatstarbucks.com, 82
Dunn, Anita, 48

Eisenhower, Dwight, 124
Elmendorf, Steve, 19

Emanuel, Rahm, 48
emoções, como controlar. *Vide* ficar calmo
equipes, como fortalecer, 124-126
erros, como lidar com os, 25-26
escaramuças, como esquecer, 124-126
Escritório de Marcas e Patentes dos Estados Unidos, 22
espetáculos secundários, como ignorar, 20-24
Este barco também é seu (Abrashoff), 111
estratégia do celular (campanha de Obama), 91-95
Ettinger, Amber Lee (garota Obama), 86-88
Evolution, 59
excesso de confiança, os perigos do, 29

Facebook, 54
    aplicativo de Obama, 73
    página da Coca-Cola Company, 74
    Visa Business Network, 76
Faulkner, John, 83
Favreau, Jon, 15
FedEx, 123
feedback negativo, como reagir a, 84-85
feedback, como solicitar, 41-42
ficar calmo
    a importância de, 14-15
    ficar calmo; a regra "sem drama", 18-20
    como adaptar-se ao momento, 37-43
    como buscar feedback, 40-42
    como concentrar-se no que é importante, 20-24
    como cultivar a calma através da força de vontade, 16
    como extravasar frustrações fora da campanha, 34-37

como jogar duro, 26-34
como liderar com humildade, 43-44
como solucionar problemas/esquecer a culpa, 25-26
componente genético do temperamento, 16
estudo de caso: a gafe da Carolina do Sul e a recuperação em Iowa, 34-36
estudo de caso: derrota nas primárias do Texas, 25-26
estudo de caso: discurso de vitória na noite das eleições, 43
estudo de caso: jogo de basquete improvisado, 34-37
estudo de caso: reação à crise financeira, 17
estudo de caso: reação à escolha de Sarah Palin, 20-24
estudos de caso da campanha de Obama; a gafe da Carolina do Sul e a recuperação em Iowa, 34-36
estudos de caso da campanha de Obama; derrota nas primárias do Texas, 25-26
estudos de caso da campanha de Obama; discurso de vitória na noite das eleições, 43
estudos de caso da campanha de Obama; jogo de basquete improvisado, 34-37
estudos de caso da campanha de Obama; reação à crise financeira, 17
estudos de caso da campanha de Obama; reação à escolha de Sarah Palin, 20-24
regra "sem drama", 18-19
visão geral, 9-10, 135

Ford, Henry II, 16
Frank, Ze, 85
frustração, como liberar a, 34-37
funcionários federais, cartas de Obama para os, 118-119
Fundo Dove para a Autoestima (Unilever), 59

Gage, John, 119
Gandhi, Mohandas, 13
Garota Obama, 86-88
Gaspard, Patrick, 47
General Electric, 130
gestão de relacionamento com clientes (CRM), como transformar em relacionamento gerenciado pelo cliente, 86-90
Goodwin, Doris Kearns, 44
Graco, produtos infantis, 74
Grisolano, Larry, 28

Hilton, Paris, 48
Holder, Eric, 42
homem de US$1 por ano, 7
Honeywell, 117
Houdini, programa, 32
HTC, 114
Hughes, Chris, 62-68
humildade, liderança com, 9, 43-44

"I Got a Crush on Obama", vídeo no YouTube, 87-88
Igreja Batista da Trindade Unida de Cristo (Chicago), 100
impermanência, o poder da, 97
informação não filtrada, como buscar, 112-118
iPhone, aplicativo 08 de Obama, 53, 93
ironia, como manter o senso de, 129
Isenberg, Alice Jelin, 31, 78, 93, 110

Jarrett, Valerie, 19

Joe, o encanador, 131
jogo de basquete improvisado, como uma liberação da frustração, 34-37
jogo de basquete, como liberação da frustração, 34-37

Kerry, John, 18
Knight, Cindy, 61
Koch, Ed, 41

Lincoln, Abraham, 9, 12, 43
LinkedIn, 77
listas de simpatizantes, como fomentar, 68-73

Magic Labs (HTC), 114
marketing móvel, 91-95
marketing negativo, como evitar, 80-86
marketing tradicional, ineficácia do, 57
Marshall, George, 124
Mastromonaco, Alyssa, 18
McCain, John, 11
　　debates presidenciais, 127-129
　　escolha de Sarah Palin como vice da chapa, 20
　　reação à crise financeira, 32-33
McKee, Chris, 46
McNamara, Robert, 7
mensagem de texto, 92
Moon, Ted, 62
Motorola, 130
mudança individual, 13

mudança, como incorporar
    como buscar informações não filtradas, 112-118
    como compartilhar a visão do futuro, 118-124
    como confrontar a realidade e contextualizar os problemas, 99-104
    como esquecer as escaramuças e fortalecer a equipe, 124-126
    como manter o terreno, 105-109
    como se ver com clareza, 127-129
    estudos de caso da campanha de Obama
        estudos de caso da campanha de Obama; cartas para os funcionários federais, 118-119
        estudos de caso da campanha de Obama; discordância com Hillary Clinton sobre política externa, 105-106
        estudos de caso da campanha de Obama; Jeremiah Wright e o discurso sobre a questão racial, 99-103
        estudos de caso da campanha de Obama; preparação para os debates, 127-129
        estudos de caso da campanha de Obama; telefonemas pessoais de agradecimento, 110-111
    importância da, 97-99
    mudança e responsabilidade individuais, 12-13
    pequenas mudanças com grandes consequências, 110-112
    visão geral, 11-12
Mullen, agência de propaganda, 83
My.BarackObama.com (MyBo), 10, 62-68
MySpace, 78

Nextel, campanha, 61
Nicholas, Andrew, 67
Nike, 71

nikeplus.com, 71
Noonan, Peggy, 47
Nooyi, Indra, 124-125

O'Brien, Kathy, 59
Obama, Barack
    capacidade de captação de fundos, 28
    campanha para o senado estadual de Illinois, 26-27
    capacidade de ficar calmo
        a importância de, 14-15
        a regra "sem drama", 18-20
        como adaptar-se ao momento, 37-42
        como buscar feedback, 41-42
        como concentrar-se no que é importante, 20-24
        como cultivar a calma através da força de vontade, 16
        como extravasar frustrações fora da campanha, 34-37
        como jogar duro, 26-34
        como liderar com humildade, 43-44
        como solucionar problemas/esquecer a culpa, 25-26
        componente genético do temperamento, 16
        estudo de caso: a gafe da Carolina do Sul e a recuperação em Iowa, 34-36
        estudo de caso: derrota nas primárias do Texas, 25-26
        estudo de caso: discurso de vitória na noite das eleições, 43
        estudo de caso: jogos de basquete improvisados, 34-37
        estudo de caso: reação à crise financeira, 17
        estudo de caso: reação à escolha de Sarah Palin, 20-24
        visão geral, 9-10, 135
    como personificação da mudança

a importância da, 97-99
   autoavaliação, 127-129
   como buscar informações não filtradas, 112-118
   como compartilhar a visão do futuro, 118-124
   como confrontar a realidade e contextualizar os problemas, 99-104
   como esquecer das escaramuças e fortalecer a equipe, 124-126
   como manter o terreno, 105-109
   estudo de caso: cartas para os funcionários federais, 118-119
   estudo de caso: discordância com Hillary Clinton sobre política externa, 105-106
   estudo de caso: Jeremiah Wright e o discurso sobre a questão racial, 99-103
   estudo de caso: preparação para os debates, 127-129
   estudo de caso: telefonemas pessoais de agradecimento, 110-119
   pequenas mudanças com grandes consequências, 110-112
   visão geral, 11-12
natureza improvável da candidatura, 2-3
obstáculos iniciais, 3
uso das tecnologias sociais
   a importância do, 53-55
   como criar comunidades contínuas, 62-68
   como cultivar comunidade de base, 55-62
   como cultivar redes sociais, 73-80
   como evitar alfinetadas, 80-86
   como fomentar listas de simpatizantes, 68-73
   como tornar o marketing móvel, 91-95
   como transformar o gerenciamento de relacionamento com o cliente em relacionamentos gerenciados pelos clientes, 86-90

ÍNDICE

    estudo de caso: Change.gov, 68073
    estudo de caso: estratégia de celular de Obama, 91-95
    estudo de caso: garota Obama, 86-88
    estudo de caso: My.BarackObama.com, 62-68
    estudo de caso: os desafios de assumir o posto, 55-56
    visão geral, 135
  vanguardismo político, 3-4
Obama, Michelle, 56
opiniões, como solicitar, 40-42

Palin, Sarah
  popularidade de, 20
  reação de Obama a, 20-24
Palmer, Alice, 27
passatempos, como uma liberação da frustração, 34-37
Paul, Peralte, 75
Paulson, Henry, 17
Pepsi, reação ao caso de adulteração de produto, 107-108
PepsiCo, 124
pequenas mudanças com grandes consequências, 110-112
Perot, Ross, 7
Pfeiffer, Dan, 17, 106
Plouffe, David
  reação à escolha de Sarah Palin, 21
  tom cometido de, 19
preparação para debates, 127-129
problemas, como considerar em contexto, 99-104
programas de desenvolvimento de pessoal, 130-131
Progresso, 9

qualidade de liderança
    como incorporar a mudança
        como buscar informações não filtradas, 112-118
        como compartilhar a visão do futuro, 118-124
        como esquecer das escaramuças e fortalecer a equipe, 124-126
        como manter o terreno, 105-108
        como se ver com clareza, 127-129
        mudança e responsabilidade individuais, 12-13
        pequenas mudanças com grandes consequências, 110-112
        visão geral, 11-12
        como confrontar a realidade e contextualizar os problemas, 99-104
        estudo de caso: discordância com Obama sobre política externa, 105-106
        estudo de caso: preparação para os debates, 127-129
        estudo de caso: Jeremiah Wright e o discurso sobre a questão racial, 99-103
        estudo de caso: cartas para os funcionários federais, 118-119
        estudo de caso: telefonemas pessoais de agradecimento, 110-111
    ficar calmo
        a importância de, 14-15
        como adaptar-se ao momento, 37-43
        como concentrar-se no que é importante, 20-24
        como cultivar a calma através da força de vontade, 16
        como extravasar frustrações fora do trabalho, 34-37
        como jogar duro, 26-34
        como liderar com humildade, 43-44
        como solucionar problemas/esquecer a culpa, 25-26
        componente genético do temperamento, 16
        estudo de caso: a gafe da Carolina do Sul e a recuperação em Iowa, 34-36

ÍNDICE

estudo de caso: derrota nas primárias do Texas, 25-26

estudo de caso: discurso de vitória na noite das eleições, 43

estudo de caso: jogo de basquete improvisado, 34-37

estudo de caso: reação à crise financeira, 17

estudo de caso: reação à escolha de Sarah Palin, 20-24

regra "sem drama", 18-20

visão geral, 9-10, 135

uso de tecnologias sociais

a importância de, 53-55

como criar comunidades contínuas, 62-68

como cultivar comunidade de base, 55-62

como cultivar redes sociais, 73-80

como evitar alfinetadas/marketing negativo, 80-86

como fomentar listas de simpatizantes, 68073

como reagir a feedback negativo, 84-85

como tornar o marketing móvel, 91-95

como transformar o gerenciamento de relacionamento com o cliente em relacionamentos gerenciados pelos clientes, 86-90

estudo de caso: os desafios de assumir o posto, 55-56

estudo de caso: Change.gov, 68073

estudo de caso: Campanha para a real beleza do Dove, 59

estudo de caso: My.BarackObama.com, 62-68

estudo de caso: nikeplus.com, 71-72

estudo de caso: garota Obama, 86-88

estudo de caso: estratégia de celular de Obama, 91-95

estudo de caso: campanha da Sprint Nextel e da Suave, 61

estudo de caso: campanha da Toyota no YouTube, 60

estudo de caso: Visa Business Network, 76

visão geral, 10, 135

realidade, como confrontar a, 99-104
rede de compilação de informações, 31
redes sociais, como cultivar, 55-62, 73-80
regra "sem drama", 18-20
Reid, Harry, 17
Rezko, Tony, 101
Rice, Condoleezza, 126
Robinson, Craig, 35
Romney, George, 7
Romney, Mitt, 7

Saginaw, Paul, 46-47
Sambazon, 36
Schumpeter, Joseph, 98
Scribd.com, 77
SecondLife.com, grupo Obama for President, 77
Select Harvest, campanha (sopa Campbell's), 82
Sellers, Anne, 116-117
Sensory Technologies, 116
ser a mudança. *Vide* mudança, como incorporar
Seward, William, 44
Sheehan, Michael, 130
Simonton, Dean Keith, 16
Smith, Fred, 123
sopa Campbell's, 82
Spears, Britney, 48
Sprint Nextel, campanha, 61
Stanton, Emily, 68
Starbucks, 82

Stelzer, Michael, 37
Stevenson, Adlai, 33
Suave, campanha, 61

tática de campanha
    como incorporar a mudança
        a importância da, 97-99
        como buscar informações não filtradas, 112-118
        como compartilhar a visão do futuro, 118-124
        como confrontar a realidade e contextualizar os problemas, 99-104
        como esquecer as escaramuças e fortalecer a equipe, 124-126
        como manter o terreno, 105-108
        como se ver com clareza, 127-129
        estudo de caso: cartas para os funcionários federais, 118-119
        estudo de caso: discordância com Hillary Clinton sobre política externas, 105-106
        estudo de caso: Jeremiah Wright e o discurso sobre a questão racial, 99-103
        estudo de caso: preparação para os debates, 127-129
        estudo de caso: telefonemas pessoais de agradecimento, 110-111
        mudança e responsabilidade individuais, 12-13
        pequenas mudanças com grandes consequências, 110-112
        visão geral, 11-12
Team of Rivals **(Goodwin), 44**
tecnologias sociais
    a importância de, 53-55
    como criar comunidades contínuas, 62-68
    como cultivar comunidade de base, 55-62
    como cultivar redes sociais, 73-80

     como evitar alfinetadas/marketing negativo, 80-86
     como fomentar listas de simpatizantes, 68-73
     como reagir a feedback negativo, 84-85
     como tornar o marketing móvel, 91-95
     como transformar o gerenciamento de relacionamento com o
          cliente em relacionamentos gerenciados pelos clientes, 86-90
     estudos de caso
          campanha da Sprint Nextel e da Suave, 61
          campanha da Toyota no YouTube , 60
          campanha pela real beleza da Dove, 59
          Change.gov, 68-73
          estratégia de celular de Obama, 91-95
          garota Obama, 86-88
          My.BarackObama.com, 62-68
          nikeplus.com, 71
          os desafios de assumir o posto, 55-56
          Visa Business Network, 76
     visão geral, 10, 135
telefonemas de agradecimento, 110-111
TellyAds.com, 90
temperamento, 16
Terrell, Dorothy, 79, 120-122
Texas, primárias, derrota de Obama nas, 25-26
The Container Store, 131
The Ellen DeGeneres Show, **61**
Toyota, campanha no YouTube, 60
treinamento, 131
Turner, Ted, 16
Twitter, 53, 73-76

ÍNDICE

uniformidade sob pressão. *Vide* ficar calmo
Unilever, Campanha pela Real beleza do Dove, 59
uso de tecnologias sociais
    como alimentar listas de simpatizantes, 68073
    como cultivar comunidade de base, 55-62
    como evitar alfinetadas, 80-86
    como fomentar redes sociais, 73-80
    como tornar o marketing móvel, 91-95
    como transformar o gerenciamento de relacionamento com o cliente em relacionamentos gerenciados pelos clientes, 86-90
    estudo de caso: Change.gov, 68-73
    estudo de caso: como criar comunidades contínuas, 62-68
    estudo de caso: estratégia de celular de Obama, 91-95
    estudo de caso: garota Obama, 86-88
    estudo de caso: My.BarackObama.com, 62-68
    estudo de caso: os desafios de assumir o posto, 55-56
    importância do, 53-55
    visão geral, 10-11, 135
USS Benfold, 111
Uzzi, Brian, 74

Venturity, 46
Visa Business Network, 76
visão do futuro, como compartilhar, 118-124
voluntários, como agradecer, 111

Wang, John, 114
Ward Group, 45
Ward, Shirley, 45

Warren, Rick, 127
Washington, George, 16
Weinzweig, Ari, 46
White, Mike, 125
Whitehead, John, 41
Wonderbra, 90
Wright, Jeremiah, 99-103

Zingerman's, comunidade de empresas (Ann Arbor, Michigan), 46
Zuckerberg, Mark, 62